Benjamin Patock
Das Zigarrenbuch für Einsteiger

AF287563

Benjamin Patock

Das Zigarrenbuch für Einsteiger

Praxistipps von Genussrauchern für Genussraucher

© 2015 Solid Taste GmbH
Lektorat: pertext, Berlin
Satz & Gestaltung: pertext, Berlin
Herstellung: BoD – Books on Demand, Norderstedt
ISBN 978-3-945764-00-8

> »Tabak ist die Pflanze, die Gedanken
> in Träume verwandelt.«
>
> Victor Hugo

Inhalt

Vorwort

Zigarrenbücher gibt es viele, ebenso wie unzählige Internetquellen von Experten und Liebhabern. Dennoch erhalten wir bei *noblego.de* täglich zahlreiche Anfragen, die wir gerne nach bestem Wissen beantworten. In der Regel geht es dabei nicht um die spezielle Sonderedition aus dem Jahr 1998, sondern vielmehr um klassisches Praxiswissen. Häufig werden wir dann nach Literatur gefragt, die eben dieses Basiswissen verständlich zusammenfasst. Doch gerade darauf hatten wir bis heute leider keine gute Antwort.

Noblego.de ist in der Zigarrenbranche noch ein Jüngling und zudem eher ein Exot. Wir produzieren keine Zigarren, sind keine Händler in der x-ten Generation, sondern lediglich Konsumenten, wie viele andere auch. Zu Beginn waren wir etwas unzufrieden mit den bestehenden Internet-Händlern, sodass wir uns entschieden, selbst Zigarren zu verkaufen.

Und genauso wie wir einen Online-Shop nach unseren eigenen Bedürfnissen geschaffen haben, schreiben wir nun das Buch, das wir uns zu lesen gewünscht hätten, als wir anfingen, uns näher mit der Materie zu beschäftigen. Ein Buch mit Geschichte, Hintergründen und sehr vielen praktischen Tipps, um sich langsam an das vielleicht schönste Genussmittel der Welt heranzutasten. Dieses Buch ist für unsere Kunden, die – wie wir alle einmal – noch am Anfang ihres Zigarrenlebens stehen.

Zigarren sind einzigartig – in ihrem Dasein als Handwerkskunst und als Kulturprodukt. Zigarrenraucher wissen dies zu schätzen. Sie sind selbstbewusst, tolerant und die ultimativen Genießer, wissen aber auch um die gesundheitlichen Risiken. Durch dieses Buch wollen wir unsere bisher gesammelten Erfahrungen als Genießer und Händler mit allen Interessierten teilen, ergänzt um Interviews mit den Fachleuten der Branche – aus Deutschland und der ganzen Welt.

Ihnen gilt der wahre Dank, denn niemand sonst beschäftigt sich so intensiv mit der Materie. Wir sind sehr stolz, dass sie sich die Zeit genommen haben, uns zu unterstützen. Ihre Arbeit ist – wie unser fortwährender Genuss – immer *work in progress*. Dass sie uns einen Einblick in diese Arbeit gewährten und ihr besonderes Wissen mit uns teilten, lässt sich gar nicht hoch genug würdigen: Heinrich Villiger, Axel-Georg André, José Orlando Padrón, Rocky Patel und Litto Gomez – vielen Dank für die wunderbaren Zigarren und eure Zeit für unser kleines Werk.

Wir wünschen Ihnen viel Spaß beim Lesen und freuen uns sehr über Feedback, Vorschläge und tolle Geschichten, die uns helfen, unsere Arbeit zukünftig weiter zu verbessern. Eine einfache E-Mail an *zigarrenbuch@noblego.de* genügt. Oder vielleicht treffen wir uns einfach einmal auf eine Zigarre – persönlich oder virtuell auf *www.facebook.com/zigarrenbuch*.

Ihr Benjamin Patock
& das Noblego-Team

Einleitung

Die Geschichte der Zigarre

Die Anfänge der Tabakkultur reichen bis zum Beginn unserer Zeit-rechnung zurück: Bereits um das Jahr 0 wurde die Tabakpflanze kultiviert – vermutlich in klimatischen Gunsträumen Amerikas wie Mexiko und anderen südlich gelegenen Gebieten. Erste Abbildungen des Tabaks entstanden zwischen 300 und 900 n. Chr. durch die Maya, die wesentlich zur Verbreitung des Tabaks beitrugen. Hier soll auch das Wort »Zigarre« seinen Ursprung haben – die Maya bezeichne-ten das Rauchen als »si-kar«. Experten halten es jedoch ebenso für möglich, dass das spanische Wort »cigarra« (dt. Zikade) die Namens-gebung aufgrund der langen, zylindrischen Form beeinflusste.

Christoph Kolumbus entdeckte im Jahre 1492 die Inseln der Karibik und damit Teile der »Neuen Welt«. Gleichzeitig liegen in diesem Ereignis auch die Ursprünge europäischer Kontakte mit der Zigarre. Tabakblätter sollen neben Früchten und Speeren zu den Begrüßungsgeschenken der Indianer gehört haben. So wurden die Entdecker schon bald auf die Gewohnheit der Ureinwohner auf-merksam, eine bestimmte Grassorte in Holzröhrchen zu rauchen. Auch Luis de Torres, einer der ersten Europäer auf Kuba, lernte den Genuss des Rauchens zu schätzen und führte den Tabak in seine Heimat Spanien ein. Seine Freude daran war jedoch nur von kur-zer Dauer: Als er sich 1493 rauchend in der Madrider Öffentlichkeit zeigte, wurde er von der Inquisition der Hexerei bezichtigt und zu zehn Jahren Gefängnis verurteilt.

Das Wort »Tabak« wurde erst 1507 durch Amerigo Vespucci geprägt, der auf seinen Reisen das Tabakkauen bei den Indianern beobachtete. Der Florentiner Seefahrer und Entdecker Giovanni da

Verrazano sprach wenig später von den »fröhlichen Gedanken«, die der Genuss dieses Mittels, das er »*petum*« nannte, zur Folge hatte. Der Tabak erfreute sich zunehmender Beliebtheit und entwickelte sich schon bald zum gängigen Tauschmittel.

Nachdem die Tabakpflanze 1554 bereits in einigen belgischen Gärten angepflanzt worden war, widmete sich der Franziskaner-Mönch André Thevet erstmals deren Züchtung in Frankreich. Er war überzeugt von der bahnbrechenden Wirkung der Pflanze und beschrieb, dass sie Hunger und Durst schlagartig lindere, der rauschartige Zustand, den der Genuss hervorrufe, jedoch nicht zu unterschätzen sei. Er selbst sei bereits einem Ohnmachtsanfall erlegen, als er noch nicht an die Wirkung des Krautes gewohnt gewesen sei.

Die Anzahl der positiven Eigenschaften, die dem Tabak fortan zugeschrieben wurden, wuchs rasant, und schon in den 1560er-Jahren hatte er den Ruf eines Wundermittels erlangt. Zu dieser Entwicklung trug der Privatsekretär des spanischen Königs, Jean Nicot, wesentlich bei. Er erforschte insbesondere die medizinische Bedeutung des »*petum*« und sah in diesem ein unerlässliches Heilmittel gegen nahezu jedes körperliche Leiden – von Migräne über Schnittwunden bis hin zu asthmatischen Beschwerden. Der Tabakwirkstoff schien allem etwas entgegensetzen zu können. Nicot selbst wurde letztlich auch zum neuen Namensgeber des Krautes: Aus dem »*petum*« wurde das heute bekannte *Nikotin*.

Die Tabakmanie jener Zeit wurde jedoch bereits 1565 durch den Italiener Girolamo Benzoni gebremst, der heftige Bedenken bezüglich des neuen Modestoffes hegte. Seiner Meinung nach handle es sich dabei nicht nur um eine »stechende und stinkende« Substanz, sondern gar um ein Werk des Teufels, dessen berauschende Wirkung völlig lächerlich, wenn nicht sogar gefährlich sei. Allen Kritikern zum Trotz wurde der Tabak 1571 offiziell als Medikament eingeführt und verbreitete sich rasch über die Kontinente Europa und Asien.

Die Zigarre hingegen stieß lange Zeit – insbesondere in Deutschland – auf wenig Interesse. Zwar wurde sie angeboten, aber gekauft wurde sie nicht. Erst im 19. Jahrhundert entwickelte sich die Zigarrenindustrie zu einem wesentlichen Zweig der europäischen Wirtschaft, wobei Holland, Deutschland, aber auch Frankreich die

Spitzenreiter der Produktion waren. Um die steigende Nachfrage zu befriedigen, wurde der Tabak nun auch aus Sumatra und Brasilien importiert. So erreichte die Zigarrenproduktion im 20. Jahrhundert ihre Blütezeit.

Kuba und der Tabak

Kuba gehört zu den klangvollsten Namen in der Welt der Zigarren. Bereits im 17. Jahrhundert arbeiteten etwa drei Viertel der kubanischen Bevölkerung im landwirtschaftlichen Sektor – und ein Großteil davon auf den ältesten Tabakplantagen des Landes.

Während der spanischen Herrschaft, die das Land bis ins späte 18. Jahrhundert prägte, wurde der Anbau jedoch durch zahlreiche Gesetze eingeschränkt. So war es beispielsweise unter Todesstrafe verboten, kubanischen Tabak in andere Länder als Spanien zu exportieren. Gleichzeitig – etwa ab den 1620er-Jahren – wurden in Sevilla Fabriken zur Weiterverarbeitung des importierten Tabaks errichtet. Bis 1817 befand sich Kuba in der Rolle des Zulieferers, begann nun jedoch auch handgerollte Zigarren vor Ort herzustellen. Die Plantagen wurden bedeutend erweitert und ein enormes Wirtschaftswachstum war die Folge: 1827 wurden 500.000 Zigarren exportiert, 1836 waren es bereits unglaubliche fünf Millionen. Zusätzlich begünstigte die Entwicklung der Dampfmaschine den Handel, die eine viel schnellere Atlantiküberquerung ermöglichte und somit völlig neue Geschäftsbeziehungen sowie eine Expansion des gesamten Wirtschaftszweiges eröffnete.

Die heute noch wichtigen, international bekannten Zigarrenmarken *Punch*, *Partagás* und *H. Upmann* entstammen dieser Zeit. Die Entwicklung war so gewaltig, dass die »*puro*«, wie die kubanische Zigarre bis zu diesem Zeitpunkt genannt worden war, den Namen der Hauptstadt Havanna erhielt und zum Nationalsymbol Kubas erklärt wurde. Auch die »Zigarrenringe«, meist kunstvoll verzierte Papierbanderolen, entstammen dieser Zeit – Politiker, Künstler, Großindustrielle und andere berühmte Persönlichkeiten konnten sich darauf abbilden lassen. Ob die Banderolen das Vergilben der damals üblichen weißen Handschuhe verhindern oder das Produkt schlichtweg edler und hochwertiger erscheinen lassen sollten, ist heute unklar. Übrigens: Auch die Zigarrenkiste hat ihren Ursprung in den 40er-Jahren des 19. Jahrhunderts.

Der politische Alltag Kubas im 19. Jahrhundert wurde maßgeblich von politischen Spannungen bestimmt, die vor allem in Konflikten zwischen Plantagenbesitzern und Arbeitern bestanden. Die Betreiber großer Plantagen waren darauf bedacht, die Ansiedlung neuer Tabakbauern zu verhindern, sodass zahlreiche Arbeiter bevorzugt in den Süden Floridas emigrierten und damit die Entstehung von Zigarrenfabriken in den USA anregten.

In Kuba selbst löste sich die Problematik letztlich zugunsten der Tabakpflanzer. Der Wohlstand sollte sich nicht länger auf einige wenige Großunternehmer konzentrieren, sondern auch kleinere Betriebe sollten sich wirtschaftlich erfolgreich ansiedln können. Zudem war die Qualität des Tabaks aus Kleinbetrieben oft besser, als die auf den Plantagen der Großgrundbesitzer – ein Nachteil der weniger sorgfältigen, stark profitorientierten Bewirtschaftung.

Der große Erfolg Kubas im Tabak- und Zigarrenexport sollte sich allerdings bald gegen das Land richten. Da die Havanna-Zigarren nach wie vor einen Qualitätsvorsprung hatten, bangten die europäischen Staaten sowie die USA um ihre eigene Tabakindustrie. Sie reagierten mit einer drastischen Erhöhung der Zölle auf Tabakwaren jeglicher Art. Die Insolvenz großer Manufakturen und die damit einhergehende Arbeitslosigkeit waren die Konsequenz, sodass Kuba in eine ernste Wirtschaftskrise geriet.

Eine Schlüsselrolle spielten die Tabakpflanzer Kubas auch im zehnjährigen Unabhängigkeitskrieg gegen Spanien zwischen 1868 und 1898. In der kubanischen Bevölkerung bildeten sich zwei Gruppen heraus: zum einen die Reformer, die eine friedliche, geordnete Vorgehensweise anstrebten; zum anderen die radikaleren Separatisten, welche die Unabhängigkeit im bewaffneten Kampf erreichen wollten. Gemeinsame Positionen waren die Forderungen nach Abschaffung der Sklaverei, freiem Handelsverkehr sowie Reformen im Boden- und Finanzrecht. Wirtschaftlich war das Land zu diesem Zeitpunkt stark geschwächt. Eine neue Steuer, mit der Spanien Kuba zu weiteren Abgaben zwang, wurde als zusätzliche Provokation gegenüber der Bevölkerung wahrgenommen.

Im Oktober 1868 setzte der Grundbesitzer Carlos Manuel de Céspedes – ebenfalls ein engagierter Verfechter der kubanischen

Unabhängigkeit – ein eindeutiges Zeichen, indem er alle seine Sklaven befreite und zum bewaffneten Kampf aufrief. Damit markierte er den Beginn der Revolution. Bereits ein Jahr später wurde die Sklaverei abgeschafft, kurz darauf eine Verfassung verabschiedet und Céspedes wurde zum Präsidenten Kubas gewählt.

Spanien war nun zwar geschwächt, aber keinesfalls bereit, das Land kampflos aufzugeben. Der Krieg forderte in den folgenden Jahren zahlreiche Opfer und konnte erst 1878 mit einem Friedenspakt beendet werden. Obwohl die politische Ordnung somit vordergründig wiederhergestellt war, stellte sich auch in den folgenden Jahren kein freies Leben ein. Die Amerikaner investierten nun zunehmend in die Tabakindustrie des Landes und unterstützen dabei vor allem die großen Produzenten. Die USA hatten Spanien in der Rolle der wirtschaftlichen Vorherrschaft auf Kuba abgelöst.

Nachdem von 1879 bis 1880 ein »kleiner Krieg« für die Unabhängigkeit erfolglos blieb, entwickelte sich 1895 ein dritter Unabhängigkeitskrieg. Erneut kam es zu Verhandlungen, die in der Bildung einer Regierung mündeten. In dieser wurde die revolutionäre Unabhängigkeitsbewegung allerdings völlig außen vor gelassen, weshalb es kurze Zeit später zu einem Aufruhr in Havanna kam. Mit der Absicht, die eigenen Interessen im Land infolge des angekündigten Rückzugs der Spanier zu schützen, sandten die Amerikaner ein Kriegsschiff aus, das aus ungeklärten Gründen explodierte und damit den Anlass zu erneuten kriegerischen Auseinandersetzung lieferte. Seine Freiheit erlangte Kuba schließlich durch eine Verfassung, die im Zuge der gesetzgebenden Versammlung von 1901 verabschiedet wurde, die aber auch einen Passus enthielt, der den USA die Möglichkeit eines militärischen Eingreifens sicherte.

Nach dem Krieg begann die Qualität des Tabaks unter einer Saatmittelknappheit zu leiden. Teilweise mussten die Keimlinge sogar aus anderen südamerikanischen Staaten importiert werden, um die Produktion aufrechtzuerhalten. Dies führte allerdings zu einem regelrechten Durcheinander an Tabaksorten, dem letztlich mithilfe eines Importverbots für Saatmittel abgeholfen werden sollte.

Darüber hinaus hatte ein Generationswechsel innerhalb der traditionellen Produktionsstätten stattgefunden. Die »Zigarre als Liebhaberei« war allmählich in den Hintergrund gerückt und einem neuen profitorientierteren Denken gewichen. Nicht zuletzt der Einfluss des Ersten Weltkrieges führte zum Verschwinden zahlreicher großer Marken wie beispielsweise der *Señora Cubana* und *La Imperiosa*. Weitere Firmen waren wiederum von dem Großkonzern *American Tobacco* aufgekauft worden.

Zwar bewirkten die beiden Weltkriege auch einen wirtschaftlichen Aufschwung – kubanische Exportgüter (Zucker und Tabak) waren auf dem Weltmarkt gefragter denn je –, doch nach 1945 hatte Kuba vermehrt mit Problemen wie Korruption, finanziellen Krisen und der Mafia zu kämpfen. Nachdem sich der Konsum in den 1950er-Jahren erneut zugunsten Kubas eingependelt hatte, begann Ende des Jahrzehnts mit der Gründung der »Bewegung 26. Juni« unter Führung Fidel Castros schließlich die Kubanische Revolution. Die Aufständischen schlugen den herrschenden Diktator Fulgencio Batista in die Flucht.

Mit ihm wanderten auch einige bedeutende Zigarrenfabriken ab. Die gesamte verbliebene Zigarrenproduktion wurde der staatlichen Einheitsbehörde *»Cubatabaco«* untergeordnet, wodurch Banderolen, Etiketten, Schachteln und alles andere, was an die alten Marken hätte erinnern können, vom Markt verschwand. Die Zigarrenvielfalt des Landes schrumpfte von 960 auf lediglich vier Sorten.

Die Verstaatlichung der Plantagen führte zur Enteignung amerikanischen Besitzes auf Kuba. Als daraufhin der Export nahezu vollständig zusammenbrach, wurde der vom Staat übernommene Besitz einheimischer Tabakbauern an diese zurückgegeben, und auch die charakteristischen Markennamen und Bauchbinden wurden wieder eingeführt. Die Qualität der Produkte hatte dennoch unter der Abwanderung zahlreicher Fachkräfte gelitten. Die ausgesprochen gute und ergiebige Ernte von 1964 entspannte diese Situation wieder.

Fidel Castro selbst war zum bekennenden Zigarrenliebhaber geworden und durch einen Zufall der Geschichte maßgeblich an der Entstehung der *Cohiba* beteiligt. So wird erzählt, dass Castro von seinem Leibwächter eine sehr aromatische Zigarre bekam, die dessen Freund Eduardo Ribera zum Eigengebrauch hergestellt hatte. Castro war so begeistert von dieser Zigarre, dass er Ribera aufsuchte und sich seine Zigarren fortan von ihm produzieren ließ. Von da an sollte die *Cohiba* für zwei Jahrzehnte ausschließlich Diplomaten und Castros politischen Freunden vorbehalten sein und ist heute auf der ganzen Welt bekannt.

Nachdem Castro das Eigentum aller US-Unternehmen auf Kuba verstaatlicht hatte und sich wirtschaftlich an die damalige Sowjetunion anzunähern begann, verhängte die USA ein Wirtschaftsembargo über Kuba, das bis heute anhält. Aufgrund dessen verlagerten zahlreiche Tabakproduzenten ihren Sitz ins Ausland, insbesondere nach Honduras, Nicaragua, Costa Rica und die Dominikanische Republik. Da die Markennamen beibehalten wurden, existieren auch heute noch einige Premium-Zigarren in »doppelter Ausführung« – erst die Angabe von Herstellungs- und Blattherkunftsland bringt Klarheit; eine Ähnlichkeit in Geschmack, Aussehen oder Preis ist trotz gleichen Namens nicht zwangsläufig zu erwarten.

Zigarrenboom in den USA (1993–1997)

Einen bemerkenswerten Imagewechsel erlebte die Welt der Zigarre Ende des 20. Jahrhunderts. Als Auslöser wird auch die Gründung der Zigarrenzeitschrift *Cigar Aficionado* durch die Verleger eines bekannten Weinmagazins betrachtet, die den Tabakkonsum wieder zu einer angesagten Mode erhob. Vor dem Erscheinen des heute noch sehr einflussreichen Magazins war das Zigarrenrauchen noch nicht das große »Genussthema« und Statussymbol, das es heute ist. In kürzester Zeit stieg das Interesse an Zigarren enorm: Hollywoodstars, berühmte Sportler etc. zeigten sich auf den Titelseiten. Das Angebot und auch die Preise stiegen entsprechend stark. Auch der wirtschaftliche Aufschwung nach dem Ende des Kalten Krieges trug dazu bei, dass der Umsatz an Tabakprodukten in Europa und den USA in dieser Zeit von 120 auf 500 Millionen anstieg.

Der plötzliche Hype um die Zigarre hatte jedoch mancherorts auch einen Qualitätsverlust zur Folge. Die riesige Nachfrage verleitete die Hersteller zur Billigproduktion. Immer häufiger wurde minderwertiger Tabak untergemischt, um die bloße Menge des Angebots zu steigern. Erst als um 1998 der Boom abebbte, pendelte sich das Verhältnis zwischen Qualität und Quantität am weltweiten Markt wieder ein.

Berühmt ist *Cigar Aficionado* heute vor allem durch seine Punkteskala, anhand derer Zigarren von 0 bis 100 bewertet werden können. Ein naturgemäß sehr umstrittenes Feld, aber das Magazin hat sich damit als feste Größe etabliert und mit seinen Bewertungen sowie den Top 25-Jahres-Ranglisten schon manchem kleinen Produzenten zu Weltruhm verholfen.

Liste der Cigars of the Year seit 2004:

2014 – *Oliva Serie V Melanio Figurado* (Nicaragua)

2013 – *Montecristo No.2* (Kuba)

2012 – *Flor de Las Antillas Toro* (Nicaragua)

2011 – *Alec Bradley Prensado Churchill* (Honduras)

2010 – *Cohiba Behike BHK 52* (Kuba)

2009 – *Padrón Family Reserve No.45 Maduro* (Nicaragua)

2008 – *Casa Magna Colorado Robusto* (Nicaragua)

2007 – *Padrón Serie 1926 No.9* (Nicaragua)

2006 – *Bolivar Royal Corona* (Kuba)

2005 – *Fuente Fuente OpusX Double Corona* (Dominikanische Republik)

2004 – *Padrón Serie 1926 40th Anniversary* (Nicaragua)

Zigarren in Deutschland

In Deutschland setzte sich die Zigarre erst im 19. Jahrhundert durch, dann jedoch schnell und effektiv. Die Produktion konzentrierte sich auf die Länder Baden und Preußen, wobei eine gewisse Parallele zur gegenwärtigen Produktion deutlich wird. Übrigens gehörten die Zigarrenarbeiter in Deutschland zu den ersten, die sich in Gewerkschaften versammelten – ihnen müssen wir heute für unsere vergleichsweise entspannten Arbeitszeiten dankbar sein. Im frühen 20. Jahrhundert erreichte die Zigarrenproduktion ihre Blüte und sank ab diesem Zeitpunkt langsam, aber stetig.

In der BRD existierten nach dem Ende des Zweiten Weltkrieges kaum noch Fabriken oder Produktionsorte. Diese mussten erst wieder aufgebaut werden. In der DDR war die Zigarrenproduktion eine gute Möglichkeit, Devisen ins Land zu holen, sodass besonders im heutigen Thüringen einiges an mechanischer Zigarrenarbeit erreicht wurde. Die Wende 1989/90 traf viele Ostbetriebe jedoch hart – im schlimmsten Fall folgte die Insolvenz, im besten die Fusion mit einem Konkurrenten. Erst im Laufe der 1990er-Jahre stabilisierte sich die Lage. Vom folgenden »Zigarrenboom« profitierten aber besonders die importierenden Unternehmen, da die Wachstumsraten sich vorrangig auf kubanische und andere karibische Produkte bezogen.

Dennoch machen die Zahlen des Deutschen Zigarrenverbandes Mut: Zwar gehen diese insgesamt ein wenig zurück, trotzdem wurden im Jahr 2010 in Deutschland 680 Millionen Zigarren und Zigarillos produziert. Aufgrund der immer noch starken Mechanisierung der Produktion arbeiten mehr als 1.000 Menschen in der Branche – ein nicht zu unterschätzender Wirtschaftsfaktor, insbesondere für die strukturschwachen Regionen, in denen die »Zigarrenindustrie« ansässig ist.

Anbaumethoden und Ernte

Das Pflanzen und Ernten der Tabakblätter beschreibt einen langwierigen, zwischen 18 Monaten und 3 Jahren andauernden sowie 292 Einzelschritte umfassenden Prozess, der in sorgfältiger Handarbeit vollzogen wird.

Das Saatgut wird zunächst im September im Treibhaus gezogen, wo die jungen Pflanzen bis zu einem Alter von ungefähr 40 Tagen verbleiben. Wenn sie eine Größe von ca. 15 Zentimetern erreicht haben, werden sie auf die Felder verpflanzt. Dabei wird peinlich genau darauf geachtet, dass die Pflanzen in idealem Abstand voneinander und in richtiger Tiefe gesetzt werden. Auch die perfekte Bewässerung, Düngung und Unkrautbekämpfung spielen eine wichtige Rolle. Zudem muss stets darauf geachtet werden, die Tabakpflanzen vor Schimmel und Insektenbefall zu schützen, da Plagen dieser Art die Ernte eines ganzen Jahres unbrauchbar machen könnten. Bewässerungsgräben, durch die überschüssiges Regenwasser abfließen kann, entstehen, indem 18 bis 20 Tage nach der Aussaat ein kleiner Erdhaufen um jeden Setzling errichtet wird, wodurch zusätzlich das Wurzelwachstum gefördert wird. Auch die Maßnahme des sogenannten »Köpfens« dient einer Beschleunigung und Optimierung des Wachstumsvorgangs: Hierzu werden die sprießenden Blütenknospen von der Pflanze abgetrennt. Da sie für die spätere Funktion des Tabaks nicht von Bedeutung sind, sollen sie nicht überflüssigerweise von der Energie der Pflanze zehren. Auch unter Umständen entstehende Seitentriebe werden aus diesem Grunde entfernt.

Die Ernte erfolgt mehrphasig im Zeitraum von Januar bis März. Dabei wird zumeist jedes Blatt einzeln gepflückt und bereits vorsortiert. Hier wird ebenso zwischen den schwach aromatischen Unterblättern, den beinahe schon zu starken Oberblättern und den nor-

Tabaksetzlinge in der Dominikanischen Republik
(® sooksun – fotolia.com)

malerweise geschmacklich idealen Blättern aus der Mitte der Pflanze sortiert. Die unterschiedliche Ausprägung der Würze, je nach Lage des Blattes, hängt mit der Intensität der Sonneneinstrahlung zusammen. Der »Schattentabak« entwickelt wesentlich größere, meist hellere Blätter und benötigt dementsprechend mehr Wasser. Üblicherweise beginnt man mit der Ernte der zwei bis drei bodennächsten Blätter *(libre de pie* bzw. *volado)* und fährt erst einige Tage später die zwei folgenden Blätter *(uno y medio)* ein. Sie haben einen ähnlich süßen Geschmack wie die vorhergegangenen, enthalten aber bereits deutlich mehr Nikotin. Das »helle Zentrum« *(centro ligero* bzw. *seco)* wird erst sechs bis zehn Tage danach gepflückt. Die Blätter sind meist recht kräftig und eignen sich sowohl als Umblatt als auch als Teil der Einlage.

Die wohl hochwertigsten Tabakblätter werden allerdings erst 68 bis 72 Tage nach der Aussaat geerntet. Sie haben eine eher dunkle Farbe und zeichnen sich durch ihr besonders vielfältiges, intensives, aber nicht zu kräftiges Aroma aus und tragen gleichermaßen zum Deckblatt wie zum Herzstück einer Zigarre bei. Die Ernte dieser Phase wird als das »dünne Zentrum« *(centro fino* bzw. *viso)* bezeichnet und liefert in der Regel zwei bis vier qualitativ besonders hochwertige Blätter. Etwas grober sind hingegen die darauffolgenden Ernten des »dicken Zentrums« *(centro gordo* bzw. *ligero).* Wie der Name bereits vermuten lässt, sind sie vergleichsweise dick und kräftig und beinhalten darüber hinaus viele Öle und Harze. Ihr Geschmack ist deshalb herber als der anderer Blätter. Die Blüte der Pflanze wird übrigens in der Regel nach 45 bis 50 Tagen »getoppt«, also abgeschnitten. So kann sich die Energie der Pflanze mehr in den Blättern konzentrieren, was bis zu zwei Prozent mehr Erntegewicht einbringen kann.

In den USA werden diese verschiedenen Stufen »Priming« (engl. Grundierungen) genannt. In der Regel gibt es je nach Tabakart zwischen fünf und acht Primings, von unten nach oben:

» Criollo-Priming (5): *Volado, Seco, Viso, Ligero, Corona*
» Corojo-Priming (8): *Libra de Pie, Uno y Medio, Centro Ligero, Centro Fino, Centro Gordo, Semi Corona, Corona*

In Deutschland sind hingegen die Begriffe *Grumpen, Sandblatt, Hauptgut* und *Obergut* geläufig.

Das 1st und 2nd Priming, also die untersten Blätter der Pflanze (Volado oder Sandblatt), werden zuerst abgenommen, der Rest verbleibt an der Pflanze und reift weiter. Was die anschließende Reifezeit angeht, übertrifft die Krone (Corona), welche die oberen beiden Blätter der Tabakpflanze umfasst, alle anderen, ihr vorausgegangenen Teile. Aufgrund der hohen Sonneneinstrahlung entwickelt sie ein ausgesprochen starkes Aroma. Die Blätter bleiben jedoch relativ klein, sodass sie meist nicht als Deckblätter geeignet sind.

Tabakpflanze mit Primings

Direkt nach der Ernte wird der Tabak im sogenannten Trockenschuppen, paarweise entlang der Mittelrippe zusammengenäht, an Stielen aufgehängt und gut belüftet für 50 Tage gelagert. In den ersten vier bis fünf Tagen dieser Phase erfolgt die Farbänderung von grün zu braun. Sie ist auf die chemische Umwandelung von Chlorophyll in Carotin zurückzuführen. Mittlerweile existiert neben der traditionellen Trocknungsmethode im Schuppen die Heizkanaltrocknung. Sie ermöglicht es, den Vorgang besser zu regulieren, und verkürzt die benötigte Zeit etwa um die Hälfte.

Im Anschluss an die Phase der Trocknung findet eine erneute Auslese statt. Diesmal wird nach den geplanten Funktionen der Blätter in der späteren Zigarre sortiert. Die größten und wohlgeformtesten werden als ummantelnde Deckblätter vorgesehen, die restlichen noch einmal in die Umblätter, welche die sogenannte Lederhaut bilden, sowie die Einlageblätter, die zum Kern der Zigarre werden, unterteilt. Anschließend werden alle Tabakblätter befeuchtet, damit sie elastischer werden und den folgenden Formungsprozess unbeschadet überstehen, und in Palmblätter gewickelt nochmals zwischengelagert. Um ein gleichmäßiges Reifen zu gewährleisten, werden sie während des nun stattfindenden Gärungsprozesses (Fermentation) mehrfach gewendet.

Der nächste wesentliche Arbeitsschritt ist das sogenannte Entrippen. Hierbei wird das Blatt in zwei Hälften geteilt, um die mittig sitzende kräftige Hauptader zu entfernen.

Nach nochmaliger Fermentation, während der Zucker- und Stärkereste abgebaut werden sowie eine Vertiefung von Farbe und Aroma stattfindet, erfolgt die eigentliche Charakterisierung der Zigarrensorte. Indem mehrere sich in ihrer aromatischen Intensität und ihrem Nikotingehalt unterscheidende Tabaktypen in einem bestimmten Verhältnis gemischt werden, entsteht jene Würze, die eine Zigarrensorte einmalig machen sollte. Die Qualitätsauswahl erfolgt extrem genau. Nach erneuter Befeuchtung und Belüftung werden die Blätter gebündelt und in großen Körben zwischen einem Jahr und fünf Jahren ruhen gelassen. In diesem Zeitraum sollen sie weiter reifen und ihr Aroma in aller Fülle entfalten. Ausgenommen von dieser Maßnahme sind die Deckblätter. Da sie meist dem untersten Teil der Tabakpflanze entstammen, haben sie aufgrund der schattigen Lage ohnehin einen milden Geschmack.

Zum Ende der letzten Reifungsphase werden die entrippten Um- und Einlage-Blätter mithilfe zweier Holzbretter über einen Zeitraum von ca. 90 Tagen gepresst, anschließend ballenförmig gewickelt und bis zur Weiterverarbeitung an einem ruhigen Ort gelagert.

Zum Reifetest werden unfertige Tabakblätter gerollt und angeraucht

Aufbau der Zigarre

Jede Zigarre setzt sich aus einem Deckblatt, dem Umblatt und der Einlage zusammen. Als Deckblatt *(capa)* wird ein großes, gleichmäßig geformtes Blatt gewählt, das den Geschmack der Zigarre nicht dominiert, ihn aber durchaus bereichern soll. Damit es nach dem Rollen befestigt ist, wird ein kappenähnlicher Verschluss auf den Zigarrenkopf gesetzt, der aus dem übrigen, abgeschnittenen Teil des Deckblattes besteht. Das Umblatt *(capote)* ummantelt die Einlage in Form einer Puppe. Es trägt zur Formgebung des Produktes sowie zur Zugfestigkeit bei, ergänzt jedoch gleichzeitig, ähnlich wie das Deckblatt, sein Aroma. Bei günstig produzierten, nicht von Hand gefertigten Zigarren, wird bisweilen eine Mischung aus Tabakresten oder -verschnitten und Zellulose anstelle eines Umblattes verwendet.

Die Einlage *(tripa)* ist das Herz der Zigarre. Sie bestimmt das Aroma zum größten Teil und damit den Charakter des Produkts. Es gibt drei verschieden Sorten der Einlage: Die *Volado,* die aus den unteren, im Schatten gereiften Blättern besteht und sich durch ihre gute Brennbarkeit auszeichnet, jedoch verhältnismäßig wenig aromatisch ist. Die *Seco,* die dem mittleren Teil entstammt und einen leichten, sanften, aber aromatischen Geschmack aufweist. Sehr stark im Aroma ist der obere Pflanzenteil aus sonnengereiften Blättern. Die *Ligero*-Blätter besitzen daher einen ausgesprochen kräftigen Geschmack. Das Mischverhältnis der einzelnen Sorten dominiert die Würze der gesamten Zigarre und ist dementsprechend das wohlgehütete Geheimnis jeder erfolgreichen Zigarrenmarke. Um zu verhindern, dass sich geschmacklich fade und dicke Bereiche mit schlechtem Brandverhalten innerhalb der Zigarre bilden *(booking),* werden die Einlageblätter ähnlich einer Ziehharmonika gefaltet. Das

27

Drei Hauptteile einer Zigarre: Deckblatt – Umblatt – Einlage

Herz der Zigarre wird somit gleichmäßig, locker und erlaubt einen guten Zug. Ist das Faltmuster am Ende der Zigarre erkennbar, ist dies ein Zeichen für ein qualitativ hochwertiges Produkt. Gleiches gilt auch für einen leichten Aschekegel, an dem sich erkennen lässt, dass die langsamer brennenden *Ligero*-Blätter wunderbar mittig und damit im heißeren Zigarrenteil platziert sind.

Das Rollen

Ihre eigentliche Form erhält die Zigarre erst mit der Bearbeitung durch einen fachkundigen *Torcedor* – einen Zigarrenroller. Die Arbeit der *Torcedores* verlangt einiges an handwerklichem Geschick. Um die oberste und gleichzeitig bestbezahlte der zahlreichen »Rangstufen« der Zigarrenfertigung zu erreichen, sind nicht selten zehn Jahre Arbeit und Erfahrung vonnöten. Die Roller arbeiten heute in der Regel zu zweit als Paar: einer rollt die Puppe, der andere kümmert sich um das Deckblatt und den Kopf.

Die vom »Masterblender«, also »Mischmeister« zusammengestellte Tabakrezeptur wird von den Tabakdrehern mithilfe eines Brettchens als Unterlage und einem halbkreisförmigen Messer (*chaveta*) bearbeitet. Dafür wird zunächst das Umblatt flach auf die Arbeitsfläche gelegt und um die zusammengefalteten Einlageblätter herum zu einer zylindrischen Puppe gerollt. Mithilfe der *Chaveta* werden überstehende Blattreste entfernt und die Rolle auf die richtige Länge gestutzt. Anschließend wird die Puppe in einer Holzform für 45 bis 60 Minuten unter regelmäßigem Wenden gepresst. Beim darauf folgenden Einrollen des Wickels in das zuvor eingeweichte Deckblatt – so lässt es sich leichter und schonender verarbeiten – wird zum Fixieren der Rolle ein spezieller Pflanzenklebstoff verwendet. Der Wickel wird nun je nach gewünschter Form zurechtgeschnitten und auf die gewünschten Maße (Umfang und Länge) geprüft. Erfahrene und geschickte *Torcedores* fertigen auf diese Weise etwa 120 Zigarren am Tag (Presszeiten nicht mit eingerechnet). Bezahlt werden sie allerdings nur nach tatsächlicher Arbeit, was bedeutet, dass mangelhafte Produkte auf eigene Kosten hergestellt werden. Es ist allerdings auch üblich, fehlerhafte Ware noch einmal auseinanderzunehmen, um sie anschließend neu zu verarbeiten.

Mittiger Aschekegel zeigt ideale Platzierung der Ligero-Blätter

Die fertig gerollten Zigarren werden zu Bündeln zusammengefasst und mit der Seriennummer des Torcedors bezeichnet, der sie hergestellt hat. Strenge Qualitätskontrollen sollen sicherstellen, dass die Produkte einwandfrei und fehlerlos sind, ehe sie auf den Markt kommen. Deshalb raucht ein Kontrolleur stichprobenartig ein bis zwei Zigarren an, um die Zugfähigkeit zu überprüfen. Mittlerweile wird diese Arbeit jedoch häufig durch Saugmaschinen ersetzt. Zusätzlich werden einige Zigarren geöffnet, um eine sorgfältige Ziehharmonika-Faltung der Einlage zu gewährleisten.

Ist die Qualitätskontrolle überstanden, werden die Zigarren in großen Schränken ruhig gelagert, um nachträglich überschüssige Flüssigkeit abzugeben, und anschließend, nach Farben sortiert, in die berühmten Zedernholzkisten gelegt. Üblicherweise sollten die Zigarren einer Kiste den gleichen Farbton haben. Ist dies nicht der Fall, so werden sie von links nach rechts von dunkel bis hell sortiert. Beim anschließenden Umlegen der charakteristischen Zigarrenringe werden sie sorgfältig eine nach der anderen herausgenommen, um die bestehende Ordnung beizubehalten.

Das Deckblatt

Das Deckblatt ist so etwas wie die Visitenkarte einer Zigarre: Es sticht als Erstes ins Auge, man fasst es als Erstes an, riecht es auch als Erstes. Daher werden auch enorme Anstrengungen unternommen, um erstklassige Deckblätter zu züchten und zu verarbeiten. Deckblatt-Tabak wird speziell für diesen Zweck angebaut und ist daher auch mit der teuerste. Besonders große und feinadrige Blätter mit hohem Anteil ätherischer Öle sind dabei das Ziel.

Deckblätter sind eine Wissenschaft für sich, und deren Bezeichnungen können mitunter etwas verwirrend sein. So unterscheidet man hier verschiedenes Saatgut, Anbauort, Lage an der Pflanze, Anbaumethoden, Erntemethode, Lagerung und schließlich acht verschiedene (Haupt-)Farbtypen, die durch die vorigen Eigenschaften beeinflusst werden.

Tipp: Eine weit verbreitete Faustregel besagt, dass helle Zigarren immer mild, dunkle Zigarren hingegen sehr stark seien. Das ist so natürlich nicht richtig, denn die Stärke einer Zigarre wird primär nicht durch das Deckblatt bestimmt, sondern durch die verwendeten Einlage-Tabake. Die Aromen werden allerings sehr stark durch das Deckblatt beeinflusst. Richtig ist hingegen, dass sehr helle (vor allem *shade grown)* Deckblätter in der Regel nicht auf starke Zigarren gerollt werden, da deren feine Aromatik sonst allzu leicht untergeht.

Deckblattarten

Alle Deckblattsorten und deren Charakteristiken aufzulisten, würde an dieser Stelle zu weit führen, was zugegebenermaßen auch daran liegt, das es mittlerweile derart viele (Hybrid-)Züchtungen und kreative Namensfindungen gibt, dass so manch geneigter Einsteiger die Hände über dem Kopf zusammenschlägt: *Corojo, Criollo, H2000, Piloto Cubano* sind zum Beispiel allesamt Züchtungen aus kubanischer Tabaksaat, die auch grob als *Cuban Seed* oder – vor allem im amerikanischen Sprachgebrauch – *Habano* bezeichnet wird. Das bedeutet jedoch nicht, dass dieser Tabak auch aus Kuba stammt. Und ist ein *Ecuador Connecticut* jetzt aus Ecuador oder Neu-England bzw. ein *Colorado* letztlich aus den Rocky Mountains? Um die Verwirrung komplett zu machen, wird die Informationssuche dadurch erschwert, dass nicht immer genaue (oder auch richtige) Informationen zu den verwendeten Tabaken in einer Zigarre nach Deutschland kommen.

Man sollte sich daher nicht verrückt machen lassen. Gerade für Einsteiger lohnt es sich oft nicht, zu tief in die Materie einzutauchen. Wichtiger ist es, die vorhandenen Angaben – ähnlich eines Weinetiketts – richtig lesen und deuten zu können, um so eine bessere Vergleichbarkeit herzustellen. Ähnlich wie bei Wein sagen Weingut, Hanglage, Qualitätsstufe, Fasslagerung etc. nur indirekt etwas über die Qualität des Flascheninhalts aus – aber sie taugen zumindest als Indikator.

In der Regel sind in den Angaben der Hersteller in der einen oder anderen Art und in beliebiger Reihenfolge folgende Grundinformationen enthalten:

Tabaksaat + Tabakherkunft + evtl. Tabak-Besonderheit

Aus diesen Informationen gilt es nun, für sich die richtigen Erkenntnisse zu ziehen, um eine Entscheidungsgrundlage zu schaffen. Hier einige Beispiele:

> » *Ecuador* (Herkunft), *Connecticut* (Saat), *Shade* (schattengezogen)
> » *Sumatra* (Herkunft + Saat), *Sandblatt* (Lage an der Pflanze)
> » *Connecticut* (Herkunft), *Stalk Cut and Cured* (Pflanze im Ganzen geerntet und getrocknet), *Habano* (Saat)
> » *Ecuador* (Herkunft), *Habano* (Saat), *Oscuro* (Farbe), *8th Priming* (Lage an der Pflanze, ganz oben)
> » *Java* (Herkuft), *Bezuki* (Anbaugebiet)
> » *Connecticut* (Herkunft), *Broadleaf* (Saat), *Maduro* (Farbe/Reifung)

Hier einige der bislang noch nicht erklärten Begrifflichkeiten kurz erläutert:

Beim *Stalk-Cut* wird die Pflanze (im Gegensatz zum *Priming)* als Ganzes geerntet und zum Trocknen aufgehängt. Dazu gibt es noch die Mischform *Stalk-Priming,* bei der die ganze Tabakpflanze von oben Stück für Stück abgeschnitten wird, um dem unteren Pflanzenteil zu ein bisschen mehr Sonne zu verhelfen.

Eine weitere wichtige Unterscheidung besteht zwischen *Shade (Grown)* und *Sun Grown.* Der Name ist im Grunde selbsterklärend: Während *Sun Grown Tobacco* (span. *Tabaco de Sol)* in der vollen Sonne reift, wird der *Shade Grown* (span. *Tabaco Tapado)* im Schatten herangezogen. Hierzu werden die Tabakfelder mit Gaze-Bahnen überspannt, die zu große Sonneneinstrahlung von der Pflanze fernhalten (außer in Ecuador: dort herrscht zumeist eine geschlossene Wolkendecke, weshalb dort viel Deckblatt-Tabak angebaut wird). Weniger Sonne bedeutet, dass die Pflanze weniger reift und auch in den oberen *Primings* weniger ätherische Öle und weniger Kraft entwickelt. Die Blätter sind entsprechend dünner und deutlich heller, fast gelblich ausgeprägt und haben ein deutlich feineres und fast graziles Aroma. Wenn der Zusatz *Shade* nicht geführt wird, handelt es sich in der Regel um sonnengereiften Tabak.

Eine weitere interessante Unterteilung ist bei der Art der Trocknung vorzunehmen. Bei *sun-cured* handelt es sich um in der Sonne getrockneten Tabak, während *air-cured* im Schuppen an der Luft trocknet. Dies ist die am weitesten verbreitete Methode in der Zigarrenproduktion, bei der ein leicht süßlicher Geschmack und ein höherer Nikotingehalt entstehen. Daneben gibt es noch *flue-cured*-Tabak, dem bei der Trocknung Heißluft zugeführt wird, sowie *fire-cured*, wobei die Blätter über Feuer geräuchert werden und so einen besonders rauchigen Geschmack sowie einen sehr hohen Nikotingehalt erhalten.

Tipp: Wer einmal *fire-cured*-Tabak in Deutschland probieren möchte, greift am einfachsten zu einer Packung *Toscanello* des italienischen Herstellers Toscano.

Genug verwirrt? Gut. Dann kann man sich sowieso besser aufs Rauchen konzentrieren.

Von hell bis dunkel

Die Farbe einen Deckblattes hängt von einer Reihe von Faktoren ab: Saat/Tabaksorte, Sonneneinstrahlung (mehr Licht = mehr ätherische Öle = mehr Oxidation) – sei es durch die natürliche Position des Blattes an der Pflanze oder durch künstliches Verschatten der Pflanzungen mit Gaze-Bahnen *(shade grown)* –, Feuchtigkeit während der Trocknung und Fermentation sowie die Dauer derselben.

Clarissimo: Die grüne Farbe des Deckblattes wird erzeugt, indem der Tabak in unreifem Zustand sehr schnell und bei höheren Temperaturen getrocknet wird. Der grüne Pflanzenfarbstoff Chlorophyll wird dabei nicht ganz abgebaut, sodass die grüne Farbe der Deckblätter erhalten bleibt. Die daraus hergestellten Zigarren sind vor allem auf dem amerikanischen Markt verbreitet und haben ein mildes, aber im Geschmack variables Aroma. Sie sind im Handel vor allem unter dem Namen *Candela* bekannt.

Claro Claro: Hierbei handelt es sich um ein goldgelbliches Blatt, das im unreifen Zustand gepflückt und einem ebenfalls relativ schnellen Trocknungsprozess unterzogen wird.

Claro: Die hellbraunen Deckblätter dieser Sorte weisen üblicherweise einen milden Geschmack aus.

Colorado Claro: Blätter dieser Sorte werden etwas später geerntet und einem verlängerten Fermentierungsprozess unterzogen. Sie haben eine feinbraune Farbe und werden häufig für etwas voluminösere Zigarren verwendet.

Oscuro

Maduro

Colorado Maduro

Colorado Claro

Claro

Double Claro

Unterschiedliche Färbungen von Deckblättern

Colorado: Diese noch später gepflückten und länger gegorenen Deckblätter haben einen mittelbraunen Farbton und versprechen einen tiefen, gehaltvollen Geschmack.

Colorado Maduro: Diese im Geschmack bereits recht schwere, aromatische Sorte stellt die Grenze zur Klasse der dunklen Zigarren dar. Die Blätter stammen vom oberen Teil der Tabakpflanze, der starker Sonneneinstrahlung ausgesetzt ist, und weisen eine mittlere dunkelbraune Färbung auf.

Maduro: Für eine Zigarre, die stark in Umfang und Aroma ist. Diese tief dunkelbraune Deckblattsorte kommt im Vergleich zu ihren helleren Verwandten durch mehr Sonneneinstrahlung und noch längeres Reifen zustande.

	Farbe	Aroma	Tabakblatt
Double Claro	hell, leicht grünlich	süße, frische Noten, oft grasig	schnell und heiß getrocknet, frühreife Blätter, auch »Candela« genannt
Claro	sehr leicht gebräunt, gelblich	mild, fein	wachsen im »Schatten« unter Pflanzschutz (z. B. Stoffbahnen), daher auch *shade grown* genannt
Colorado Claro	mittelbraun	geschmeidig, mittelstark	weniger der Sonne ausgesetzt, auch »English Market Selection« genannt
Colorado	rötlich-braun	kräftiger mit einer würzigen Note	gewöhnlich in der Sonne gewachsen, daher auch »*sun grown*« genannt
Colorado Maduro	dunkelbraun	reich, aromatisch	in der Regel aus kubanischem Saatgut gezogen
Maduro	sehr dunkelbraun, fast schwarz	geschmeidig, reichhaltig, oft leicht süße Noten	langer Fermentationsprozess
Oscuro	schwarz	sehr würzig	vom höchsten Teil der Pflanze gewonnen, am längsten der Sonne ausgesetzt, längste Fermentation

Oscuro: Die schwarzbraunen Deckblätter dieser Sorte waren besonders im 19. Jahrhundert ausgesprochen modern. Heute sieht man sie nur noch sehr selten, auch wenn es gerade eine kleine Renaissance zu geben scheint.

Fehlfarben: Hierbei handelt es sich nicht per se um eine eigene Farbe, sondern um Tabakblätter, die nicht den optischen Vorgaben der vorliegenden Produktion entsprechen und daher aussortiert werden. Sie werden dann oft für eine günstigere Produktionslinie weiterverwendet. Für besonders preisbewusste Raucher ist der Griff zu einer Fehlbarben-Zigarre daher durchaus lohnenswert. In den USA finden diese Art von »Zweite Wahl«-Zigarren auch von renommierten Herstellern, wie Rocky Patel, ihren Weg in den Handel. In Deutschland sind bisher eher die einheimischen Produzenten im Fehlfarben-Bereich aktiv.

Maduro, Maduro oder Maduro?

Im Handel finden sich neben der Farbbezeichnung *maduro* auch Zigarren, die mit scheinbar speziellem Maduro-Tabak verarbeitet wurden. Dies bezieht sich zumeist auf das Deckblatt, kann sich aber auch auf das Umblatt *(double maduro)* und sogar die Einlage beziehen *(triple maduro)*. Hierbei werden die verarbeiteten Tabakblätter bewusst über längere Zeit bei höherer Luftfeuchtigkeit und nicht sehr hoher Hitze im Ballen nachfermentiert. Dieser Prozess kann bis zu dreimal länger dauern als bei einer herkömmlichen Reifung. Der Tabakballen schwitzt während dieser Zeit regelrecht, wobei viele Stoffe aus dem Blatt austreiben und vermehrt Stärke in Zucker umgewandelt wird, was einen leicht süßlichen Geschmack ergibt. Anschließend wird der Ballen zerteilt, umgeschichtet und der Prozess wiederholt, sodass zum Teil tiefdunkle Farben erreicht werden. Hieran kann man wunderbar sehen, dass dunkle Tabake nicht gleichzeitig auch eine starke Zigarre ausmachen müssen.

Andere Hersteller beschleunigen diesen Prozess, indem sie den Tabak bei bis zu 100 °C in einer Art gigantischem Dampfkochtopf für ein bis zwei Tage in einem Sud kochen. Das geht nicht nur viel schneller und ist günstiger, die Blätter werden dadurch auch fast tiefschwarz und erhalten eine extrem gleichmäßige Färbung. Der

Nachteil bei dieser Methode ist jedoch, dass viele Aromastoffe durch die hohen Temperaturen zerstört werden. Daher werden oft Hilfsstoffe zugesetzt, wie etwa Molasse oder in manchen Fällen sogar Farbstoffe, die beispielsweise aus der Produktion einer beliebten, koffeinhaltigen Erfrischungsbrause bekannt sind. Die Mischungen sind derart kreativ, dass es in der Nähe von Santiago (Dominikanische Republik) sogar einen Hersteller gibt, der seinem Sud Rotwein beigibt, um ein besonderes Aroma zu erhalten.

Man kann – wie mit vielen Errungenschaften der Moderne – zwiegespalten sein, was die künstliche Fermentation von Tabaken angeht. Beinharte Traditionalisten lehnen sie ab, unvoreingenommene Experimentierfreudige loben die Vielzahl an neuen Möglichkeiten. So ist jeder selbst gefragt, sich eine eigene Meinung zu bilden. Zu erkennen sind die »künstlichen« Maduros leicht an der gleichmäßigen Färbung der Deckblätter – die Natur bekäme das niemals derart hin. Teilweise erkennt man sie auch an den eigenen Lippen oder Fingern, denn einige der »Künstlinge« färben ab, wenn sie eine längere Zeit feucht werden, und hinterlassen so einige ungewollte Hinweise auf ihre Machart.

Zigarrentypen

Es lassen sich viele Unterscheidungen in der bunten Welt der Zigarren treffen. Nachfolgend ein paar Feinheiten, die es zu unterscheiden gilt.

Handgerollt oder maschinell?

Handgerollt: Eine Zigarre mit der Hand zu rollen, ist die Königsdisziplin. Hierbei hat sich auf Kuba traditionell der Begriff *hecho a mano* (span.: handgemacht) eingebürgert. Nachdem dieser Begriff allerdings auch in anderen Länder für semi-maschinelle Produktionen Verwendung gefunden hatte, bei denen lediglich das Deckblatt per Hand aufgebracht wird, wurde der Begriff *totalmente a mano* (span: vollständig von Hand) eingeführt. Wirklich kontrollieren kann dies natürlich niemand, zumindest nicht bei »geraden« Zigarren.

Früher hieß es, dass eine handgerollte Zigarre an der geschlossenen Kappe des Kopfendes erkennbar wäre. Hierfür gab es wohl

Zigarrenroller bei La Flor Dominicana

Maschinelle Rollung bei De Olifant

bis dato noch keine Maschinen, die das Anbringen bewerkstelligen konnten – zumindest nicht aus dem gleichen Deckblatt. Wer allerdings Wert auf hundertprozentige Handarbeit legt, sollte beherzt zu *Figurado*-Formaten greifen: Je komplizierter die Form, desto kleiner die Stückzahl und desto weniger lohnt es sich, dafür eine Maschine zu bauen. Einen speziellen Begriff für »auf den Schenkeln einer kubanischen Jungfrau gerollt« gibt es übrigens nicht. Ob es daran liegt, dass Zigarren nicht mehr auf Schenkeln gerollt werden, oder ob es einfach keine Jungfrauen mehr in den kubanischen Produktionsstätten gibt, wird wohl ein ungelöstes Rätsel bleiben.

Maschinengerollt: Erklärt sich von selbst; in der spanischen Variante auch als *mecanizado* bezeichnet. In der Regel werden Shortfiller (s. u.) maschinell hergestellt. Die Qualität muss nicht notgedrungen schlecht sein, jedoch fehlt vielen Rauchern ein bisschen das romantische Bild der kubanischen Jungfrau. Die Produktion erfolgt dabei entweder teil- oder sogar vollautomatisch. Um solche Produktionsstätten zu besuchen, muss man gar nicht weit in die Ferne schweifen. So stellt unter anderem die Firma »August Schuster« im westfälischen Bünde mit fast nostalgischen Maschinen wirklich leckere Tabakwaren her. Ein Besuch lohnt sich auf jeden Fall.

Long- oder Shortfiller?

Longfiller: Beim sogenannten Longfiller-Format sind die Einlage-Blätter vollständig erhalten und mithilfe des bereits beschriebenen Ziehharmonika-Faltsystems ineinander verschränkt. Aufgrund des aufwendigen Herstellungsverfahrens, das einiges an Sorgfalt und Geschick erfordert, ist eine maschinelle Fertigung dieses Zigarrentyps praktisch unmöglich.

Shortfiller: Bei Shortfiller-Typen besteht die Einlage aus kleineren Tabakstücken, die durch Zerreißen oder Zerschneiden der Blätter gewonnen werden. Das Verwenden besonders formschöner und makelloser Tabakblätter ist somit nicht zwingend erforderlich, viele Arbeitsschritte können zudem von Maschinen ausgeführt werden. Damit kann die Shortfiller-Variante bereits wesentlich preiswerter hergestellt werden. Shortfiller sind bei den eingefleischten *Aficionados* häufig verschrien – unserer Meinung nach zu Unrecht. Doch

Longfiller mit ganzem Tabakblatt (links) | Shortfiller mit Tabakschnipseln (rechts)

Raucher, die etwas auf den Geldbeutel achten möchten, können hier durchaus sehr schöne Produkte finden.

Mediumfiller: Eine Art Mittelding zwischen Short- und Longfiller stellen die sogenannten Mediumfiller dar. Hier werden mittelgroße Tabakstücke verwendet, die oft in Handarbeit veredelt werden. Zum Teil werden auch sehr kleine gerissene oder geschnittene Tabakteile in größere Blätter gerollt. Dann spricht man im Allgemeinen auch von einer »Sandwich-Zigarre«.

Formate

Der Umfang der Zigarre wird im sogenannten Ringmaß angegeben und konnte ursprünglich zwischen 12,7 und 19,9 Millimeter betragen. Heute gibt es sowohl dünnere als auch weit dickere Formate. Das Ringmaß basiert dabei auf der amerikanischen Einheit Inch (dt.: Zoll), wird in 1/64 Inch angegeben und kann wie folgt errechnet werden:

Ringmaß→ Durchmesser: Ringmaß / 64 x 25,4 = Durchmesser [in mm]
Durchmesser→ Ringmaß: Durchmesser [in mm] x 64 / 25,4 = Ringmaß

Das klassische 50er-Ringmaß einer *Robusto* hat demnach einen Durchmesser von 19,84 Millimetern – zumindest in der Theorie, denn diese Größen sind nicht wirklich genormt. So kann eine *Robusto* je nach Fabrik auch gerne mal etwas dicker oder dünner sein, bleibt aber meistens in etwa dem gleichen Rahmen. Ähnlich verhält es sich übrigens mit der Länge. Auch diese wird in US-amerikanischen Medien grundsätzlich in Inch angegeben, während in Europa eher das metrische System benutzt wird.

Von dünn bis dick

Man unterscheidet eine Vielzahl von Formaten – auch *Vitolas* genannt, wobei der gleiche Begriff auch für den Zigarrenring verwendet wird –, die allesamt nicht wirklich genormt sind. Das heißt, es gibt immer wieder kleine Abweichungen über die verschiedenen Marken hinweg. Dabei wird besonders bei kubanischen Zigarren zwischen

Fabrikformaten *(vitola de galera)* und Handelsformaten *(vitola de salida)* unterschieden. Erstere beziehen sich auf die Verwendung innerhalb einer Fabrik, z. B. die *Montecristo »Edmundo«* oder die *Bolivar »Royal Corona«* (Fabrikformate), die beide eine *Robusto* (Handelsformat) sind. Letzteres dient einfach der besseren Vergleichbarkeit.

Die verschiedenen Formen mit ihren Längen und Ringmaßen haben nicht nur einen Einfluss auf die Rauchdauer einer Zigarre, sondern wirken sich auch auf den Geschmack aus. Als banales Beispiel kann man hier zum Beispiel italienische Nudeln heranziehen. Der »Teig« ist ähnlich, dennoch unterscheiden sich Farfalle geschmacklich von Spaghetti. Beschwören bei Pasta jedoch die Soßenaufnahme und die Haptik am Gaumen einen Geschmacksunterschied herauf, sind bei der Zigarre vor allem das Mischverhältnis der einzelnen Tabake – insbesondere das Verhältnis von Einlage zu Umblatt und Deckblatt – sowie die Temperatur der Glut ausschlaggebend. Zudem wirkt der hintere Teil einer Zigarre im Rauchverlauf als natürlicher Filter, was wiederum einen Einfluss auf den Geschmack hat.

Der Zigarrenkörper kann in unterschiedlichen Formtypen ausgeführt sein. Ein durchgängig zylindrisch geformter Körper wird als *Parejo* bezeichnet, während die *Figurado*-Variante im Umfang variiert.

Das weit verbreitete *Corona*-Format in *Parejo*-Form hat idealtypisch einen Durchmesser von 16,7 Millimetern und ist 142 Millimeter lang. Allerdings gibt es auch Abweichungen von diesen Maßen, die dementsprechend als »doppelte«, »dicke« oder »kleine« *Corona* bezeichnet werden. Durchschnittlich bietet eine *Corona* eine Dreiviertelstunde Rauchvergnügen.

Mit ihren 14 Millimetern Durchmesser ist die *Panatela* etwas schlanker gehalten, die *Robusto* hingegen ist 19 bis 20 Millimeter »dick«, wenn auch mit einer Länge von 127 Millimetern eher kurz. Sowohl dick als auch lang ist das berühmte *Churchill*-Format, das nach dem bekennenden Zigarrenliebhaber und britischen Premierminister Winston Churchill benannt wurde. Es kann bis zu 90 Minuten dauern, ein solches Produkt zu rauchen. *Double Coronas, Toros* oder *Toro Gordos* können sogar bis zu 22 Zentimeter lang und 25 Millimeter dick sein und schon mal auf eine Rauchzeit von mehreren Stunden kommen.

Als Stumpen werden übrigens oft kurze, gleichmäßig geformte Zigarren mit stumpfen Enden bezeichnet. Die zierlich geformten *Zigarillos* sind hingegen meist aus milderen Tabaken gefertigt und

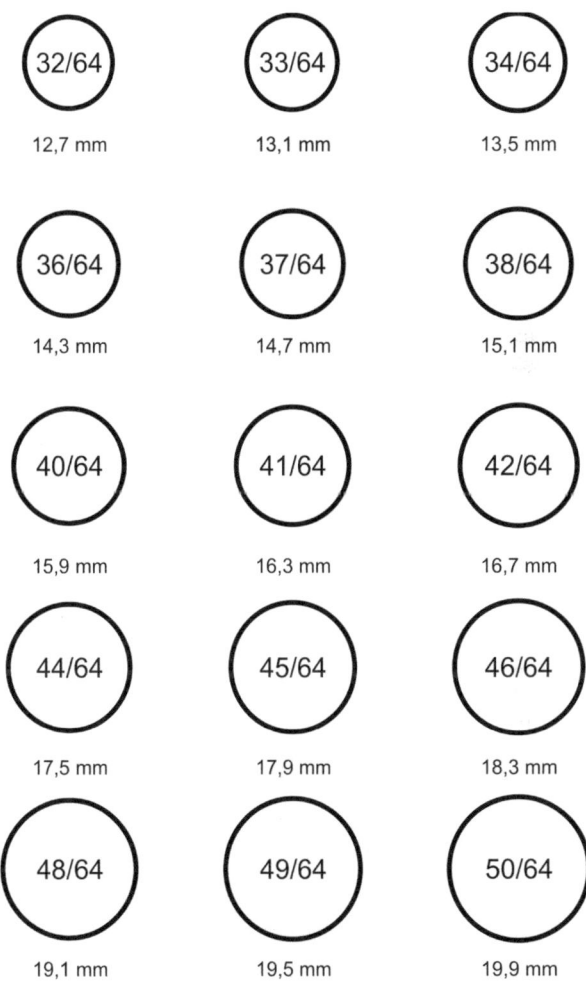

32/64	**33/64**	**34/64**
12,7 mm	13,1 mm	13,5 mm
36/64	**37/64**	**38/64**
14,3 mm	14,7 mm	15,1 mm
40/64	**41/64**	**42/64**
15,9 mm	16,3 mm	16,7 mm
44/64	**45/64**	**46/64**
17,5 mm	17,9 mm	18,3 mm
48/64	**49/64**	**50/64**
19,1 mm	19,5 mm	19,9 mm

Ringmaße | Zigarrengrößen

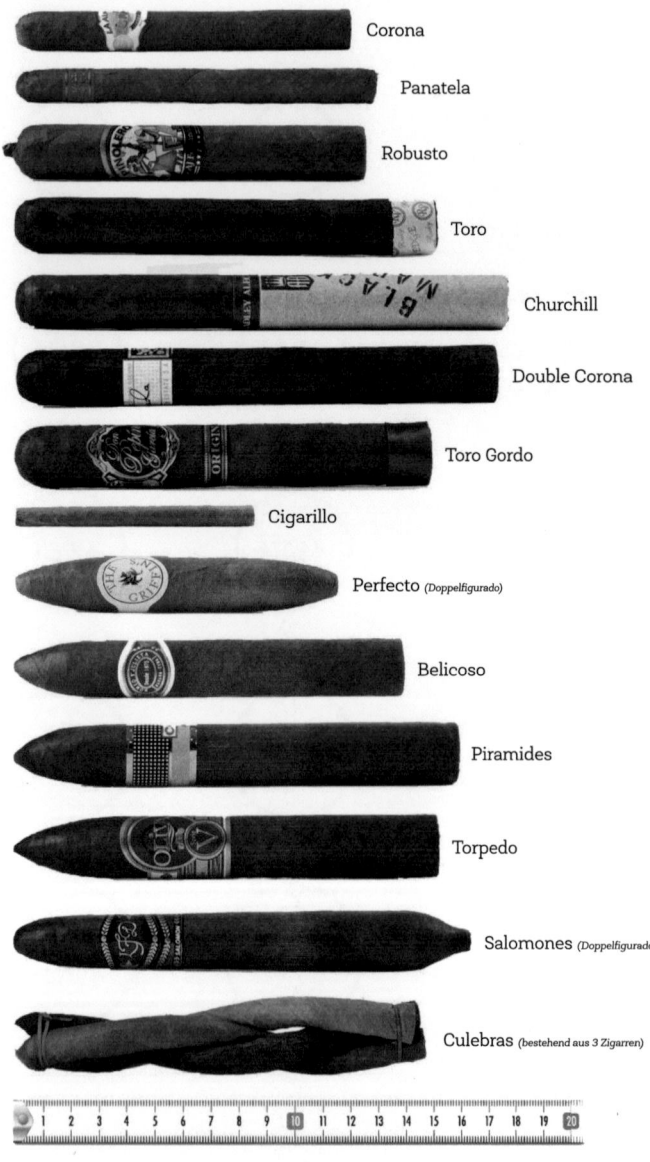

Corona

Panatela

Robusto

Toro

Churchill

Double Corona

Toro Gordo

Cigarillo

Perfecto (Doppelfigurado)

Belicoso

Piramides

Torpedo

Salomones (Doppelfigurado)

Culebras (bestehend aus 3 Zigarren)

werden gerne zusätzlich mit Aromastoffen (z. B. Vanille) oder Pfeifentabaken versetzt.

Vor allem die Figurado-Formate *Torpedo, Belicoso* und *Pyramide* sind in ihrer Dicke nicht regelmäßig geformt. Ihr Umfang nimmt bis zum Kopfende gleichmäßig zu. Besondere Ausprägungen sind dabei die sogenannten »Doppel-Figurados«, die an beiden Enden verjüngen sowie die wunderbar kunstvollen *Salomones*.

Die *Culebras*, auch »krumme Hunde« genannt, haben eine leicht gebogene oder geknickte Form. Sie werden in 3er-Bündeln quasi umeinander gewickelt. Der Legende nach bekamen die Zigarrenroller ihre tägliche Rauchration als *Culebras* gereicht, damit im Zweifel auf den ersten Blick sichtbar war, wenn einer der Arbeiter statt seiner zugewiesenen Ration etwas von seinem Arbeitstisch verköstigt. Ein ganz einfacher Trick, oder? Eine andere Legende besagt, dass den Rollern während der Arbeitszeit eben nur eine Zigarre zum Eigenbedarf gegönnt wurde. Diese banden daraufhin kurzerhand drei Zigarren zu einer großen zusammen. Auch nicht schlecht.

Tipp: Probieren geht über studieren! Es lohnt sich immer, mehrere Formate einer Zigarre zu rauchen, um so einen Favoriten zu bestimmen. In Deutschland scheinen die Formate *Robusto* und *Corona* am beliebtesten zu sein, was auch daran erkennbar ist, dass es jede Zigarrenserie auch in diesen Vitolas gibt.

Gerade für Einsteiger empfiehlt sich aber der Griff zu einem Figurado-Format, wie einer *Torpedo, Belicoso* oder *Pyramide,* da sie sich einfacher (= weiter) anschneiden lassen und sich das Zugverhalten und die Rauchtemperatur so besser beeinflussen lässt. Zudem sind eher großformatige Zigarren für Einsteiger empfehlenswert: Man hat nicht nur einen größeren Rauchkanal und damit einen kühleren Rauch, sondern auch noch mehr »Filter«.

Rund oder eckig?

Es hat schon einen Grund, warum man vom Zigarren*rollen* spricht, denn alle sind bei der Herstellung zunächst einmal rund. Dass manche Exemplare durchaus eckig daherkommen, hatte ursprünglich schlicht und ergreifend Verpackungsgründe: Je nachdem, ob sie in einer zwei- oder in einer drei- bzw. mehrlagigen Kiste verpackt wurden, konnten

Box-Pressed: Die Factory Press IV von La Flor Dominicana

sich die frisch gerollten Zigarren durch den Druck der Kisteninnenseiten sowie der benachbarten Zigarren etwas verformen.

In einer zweilagigen Kiste werden die Zigarren schlicht nebeneinander gelegt und gestapelt. Die anliegenden Seiten flachen sich dadurch etwas ab, sodass man eine leicht eckige Form erhält, die daher auch *box-pressed* oder in diesem Fall *spanish press* genannt wird. In einer dreilagigen Kiste werden die Zigarren hingegen nach dem *8-9-8-Prinzip* verpackt, das heißt in der untersten Lage befinden sich acht Exemplare, darüber liegen neun Stück »auf Lücke« und darüber wiederum acht Stück auf Lücke. Da so die sich bietenden Hohlräume ausgenutzt werden, behalten die Zigarren auch in der Kiste ihre runde Form.

Manche Hersteller setzen – besonders für den amerikanischen Markt – sehr stark auf *box-pressed*. Bisweilen kann es gar nicht eckig genug sein. Daher werden die Zigarren speziell für eine starke Pressung gerollt, das heißt bewusst etwas größer und weiter (wodurch auch etwas Einlage gespart wird), um diese dann in vorgefertigten Formen stark pressen zu können, *bevor* sie schließlich in die Kisten wandern. Die Amerikaner sprechen in diesem Zusammenhang auch von *trunk-pressed*, also »im Koffer gepresst«. *Rocky Patel* sei an dieser Stelle genannt, oder auch das »Nonplusultra« der Pressung: die *Factory Press IV* von Litto Gomez' *La Flor Dominicana*. Durch die Verwendung von einzelnen Schablonen und Zwischenwänden werden hier fast 90°-Winkel erreicht. Der Unterschied zwischen der »traditionellen« *spanish press* und dem modernen *trunk-press* wird hier besonders gut deutlich.

Was hat nun der Raucher davon? Das ganze Thema spaltet die Zigarrenwelt ein wenig. Das Gefühl in der Hand sowie im Mund ist definitiv ein anderes. Generell wird den eckigen Zigarren nachgesagt, dass sie einen leichteren Zug und auch einen gleichmäßigeren Abbrand haben, was jedoch nicht heißt, dass runde Zigarren an diesen Stellen Mängel aufweisen müssen. Es ist also eine reine Gefühlssache.

Böse Zungen behaupten, dass es sich die Zigarrenproduzenten mit den gepressten Zigarren etwas leichter und auch günstiger machen, denn schließlich ist dort weniger Tabak verarbeitet. Wer aber beispielsweise die aufwendige Kiste der o. g. *Factory Press IV* gesehen hat, wird dort schnell eines Besseren belehrt. Geschmacklich ist es jedenfalls schwer, große Unterschiede auszumachen. Einen nicht wegzudiskutierenden Vorteil haben *box-pressed*-Zigarren jedoch allemal: Sie rollen nicht vom Tisch!

Vor dem Genuss der Zigarre

Tipps für den Kauf

Als »Anfänger« erscheint es zunächst gar nicht so leicht, bei dem gegenwärtig riesigen Angebot an Sorten, Farben und Formen die Zigarre zu finden, die einem persönlich am meisten zusagt. In der Regel ist es überflüssig, sich die Lieblingssorte von Freunden weiterempfehlen zu lassen, denn die Geschmäcker sind ja mitunter sehr verschieden. Auch mit den teuersten Modellen am besten zu fahren, ist ein Trugschluss. *Viel wichtiger ist es, eine Vorstellung des eigenen Geschmackes zu erarbeiten.* Und das ist ein Prozess mit vielen Erfolgen und eben auch Misserfolgen. Der erste Schritt auf dieser Reise liegt also darin, eine Zigarre zu finden, die Ihnen zunächst einmal schmeckt – und die man als Ausgangspunkt für die weitere Reise nutzen kann. Keine Sorge: Der eigene Zigarrengeschmack ändert sich oft im Verlauf eines Raucherlebens – sowohl des »Raucher-Lebens« als auch des »Rauch-Erlebens« –, wie sich auch Wein-, Kaffee- und Whisky-Vorlieben ändern können. Für Zigarren gilt – wie in allen genannten Genusskategorien –, sich vom Einfachen zum Komplexen vorzutasten.

Fachgeschäft oder Internet?

Wer direkte Beratung sucht, sollte den Weg in den stationären Handel nicht scheuen. Mittlerweile existieren allerdings auch zahlreiche seriöse Internet-Versandhändler für Premium-Zigarren, die

517 Bewertungen für noblego.de

Bewertungska

Lieferung (514)
Ware (511)
Kundenservic

SEHR GUT
4.89/5.00

Gesamtbewe

Geprüfter Shop

Dieser Shop erfüllt die Trusted Shops Qualitätski
wie zum Beispiel Bonität, Kostentransparenz,
Kundenservice und Datenschutz. Details ▸

Käuferschutz bis 2.500 EUR

Die Trusted Shops Garantie sichert Sie gegen V
Ihrer Zahlung bei Nicht-Lieferung oder Rückgab
Ware ab. Absicherungsdauer: 30 Tage. Details ▸

100,00% Zuverlässigkeit

186 von 186 Bestellungen mit Trusted Shops
Käuferschutz wurden in den letzten 12 Monaten
Trusted Shops positiv bewertet. Berechnungsme
und Details ▸

Erfahrungen

Alle	Sehr gut	Gut	Befriedigend	Ausreichen
517	483	25	5	3

M. F., Berlin
Das erste mal hier bestellt. Super schnelle Lieferung, ganz einfach mit der
Bezahlung und ganz toll verpackt Nach dem öffnen sah ich ein sehr
schönes Einschlagpapier mit Siegel, darunter die Ware luftdicht verpackt
mit Pads die für die richtige Feuchtigkeit sorgten und eine kleine
Überraschung lag auch dabei. Mein Mann hat sich sehr gefreut, da im
Laden seine Sorte sehr schwer zu bekommen ist.

06.10.2014 ★★★★★ SEHR GUT

Sehr freundlich, professionell. Meine Cigarilos werde ich weiterhin hier
bestellen.

06.10.2014 ★★★★★ SEHR GUT

noblego.de
Paul-Lincke-Ufer 39/40
10999 Berlin
Deutschland
030-30364729
E-Mail an Shop

Kundenbewertungen bei Trusted Shops

auch Einzelzigarren zum Kauf anbieten. Sie zeichnen sich meist durch eine besonders breite Produktpalette und eine bequeme Kaufabwicklung aus – eben ohne einen Fuß vor die Tür setzen zu müssen.

Gerade außerhalb der Ballungszentren sind gut sortierte Zigarrengeschäfte mitunter schwer zu finden. Da kann das Internet eine gute Alternative sein. Wer einfach und bequem ein bisschen Herumstöbern und -probieren möchte, ist dort ebenso gut aufgehoben, wie der Kenner, der das besondere Schätzchen sucht. Zertifizierte und vertrauenswürdige Kundenbewertungen, wie zum Beispiel von *Trusted Shops,* schaffen nicht nur Vertrauen und Transparenz zwischen den Anbietern, sondern bieten in vielen Fällen auch einen exzellenten Käuferschutz mit Geld-zurück-Garantie.

Für Einsteiger wie Kenner sind besonders Shops mit vielen Filtermöglichkeiten – etwa nach Stärke, Deckblatt, Verpackungseinheit und Ähnlichem – sowie einer aussagekräftigen Darstellung der angebotenen Produkte – detailgenaue Fotos, ausführliche Beschreibungen mit Tasting-Charakter, vielleicht sogar Videos zu den einzelnen Marken und Serien – zu empfehlen. Achten sollte man zudem darauf, dass der Versand stoßsicher und aromaneutral erfolgt. Der Einsatz von Druckverschlussbeuteln zum Schutz vor Austrocknung auf dem Postweg ist Pflicht – einige Händler geben sogar Zedernholz sowie einen Befeuchter als Versandverpackung bei und outen sich damit als extrem kundenorientiert.

Es kann sich auch lohnen, einfach einen Telefonhörer in die Hand zu nehmen und im Shop anzurufen. Alle guten Online-Shops bieten auch eine telefonische Beratung. So kann man sich direkt nach den Lager- und Versandbedingungen sowie – für den Fall der Fälle – nach den Rücknahmeregelungen erkundigen. Einige Internethändler bieten zudem auch die Bezahlart »auf Rechnung« an, sodass die Ware zuhause begutachtet werden kann, bevor sie bezahlt werden muss. Gerade bei einem Erstkauf kann das eine gute Variante sein, um auf Nummer sicher zu gehen. Der Anteil, der im Internet verkauften Zigarren wächst jedenfalls stetig, sodass man hier mit gutem Gewissen und sehr bequem einkaufen kann.

Möchte man eine Zigarre vor dem Kauf jedoch persönlich begutachten, bleibt keine andere Wahl, als den Weg in den nächsten Fachhandel zu suchen. Wie im Internet gibt es hier auch gute und weniger gute: Auswahl und Beratungsqualität können sehr stark variieren. Ein kleines, aber dafür feines Sortiment ist allerdings nicht unbedingt ein schlechtes Zeichen, solange man sich dort gut aufgehoben fühlt. Hier gilt: *Das Bauchgefühl entscheidet!* Zigarren sind ein Genussmittel und so sollte auch der Kauf Freude vermitteln. Der große Vorteil des stationären Handels liegt dabei auf der Hand: Man kann sich jede Zigarren in aller Ruhe ansehen, sie fühlen und daran riechen – in diesem Fall hat das Internet natürlich das Nachsehen.

Tipp: Oft sind an ein Geschäft angeschlossene, offene Raucherlounges ein gutes Qualitätsmerkmal, da hier direkt vor Ort verkostet werden kann. Der unschlagbare Vorteil eines solchen Zigarrengeschäfts »an der Ecke« ist daher die Möglichkeit, das Erworbene direkt wieder genussvoll in Rauch aufgehen zu lassen und in der Tasche ein paar Schätzchen für den späteren Einsatz mitzunehmen. Impulsgenießer kommen hier auf ihre Kosten und können sich direkt mit anderen Weggefährten austauschen. Andere Qualitätskriterien, wie etwa eine fachgerechte Lagerung, sollten zu den Standards gehören. Schön ist jedoch, wenn ein Geschäft einen begehbaren Humidor vorhält, da man hier wunderbar zwischen den Kisten umherwandern und in tiefen Zügen auch geruchstechnisch genießen kann.

Vor dem Kauf

Beim Begutachten der Zigarren dürfen alle Sinne genutzt werden: *Sehen – Fühlen – Hören – Riechen,* allein das *Schmecken* sollte aus Hygienegründen bitte auf nach dem Kauf verschoben werden.

Es empfiehlt sich, mit der *optischen Untersuchung* des Deckblattes zu beginnen. Weist es unregelmäßige Flecken, Verfärbungen oder gar Wurmlöcher auf, sollte die Zigarre umgehend ausscheiden. Die typischen »Sonnenflecken« (klein, leicht grünliche Verfärbungen) sind hingegen harmlos, auch wenn sie nicht von absoluter Spitzenqualität zeugen. Auch der Verlauf der Blattadern sollte geprüft werden: gerade, parallel zur Längsrichtung des Körpers verlaufende Adern zeigen, dass die Zigarre ordentlich und stabil gerollt wurde und mit hoher Wahrscheinlichkeit gleichmäßig abbrennen wird. Ein leicht öliger Glanz des Deckblattes ist ebenfalls ein gutes Zeichen. Er weist darauf hin, dass das Produkt lange genug gereift und unter förderlichen Feuchtigkeitsbedingungen gelagert wurde. Übrigens: Leichter weißer Flaum, insbesondere auf Zigarren aus Tuben und speziell – aber nicht nur – aus Kuba, ist kein Schimmel, sondern die sogenannte *Zigarrenblüte*. Die Experten sind sich noch uneins, wie genau sie entsteht und warum. Schädlich ist sie jedenfalls nicht.

Natürlich dürfen Zigarren – und vor allem teure Premium-Zigarren – auch gerne *angefasst* und einem *Drucktest* unterzogen werden: Einzelne weiche Stellen zeigen eine unregelmäßige Verarbeitung, die sich auch auf den Rauchverlauf auswirken könnte. Zigarren sollten gleichmäßig fest gerollt sein. Oft wirkt eine Zigarre auch extrem fest, was sich auch auf das Zugverhalten auswirken könnte. Allerdings sollte man sich davon nicht abschrecken lassen: Auch sehr fest gerollte Zigarren können einen exzellenten Zug an den Tag legen.

Beliebt ist es auch, eine Zigarre zwischen den Fingern zu rollen und dabei auf das *Geräusch* des Deckblattes zu achten, um die Lagerung zu testen. Ein trockenes Deckblatt ist dabei deutlich lauter als ein feuchtes. Eine Bitte jedoch zum Thema »Herantasten«: Das Kopfende der Zigarre, also das Mundstück, sollte dabei idealerweise nicht berührt werden, wenn die Zigarre am Ende nicht auch von einem selbst geraucht wird.

Oft sieht man Leute auch an unangezündeten Zigarren *riechen*. Hier ist der Tabak ebenfalls nicht mit der Nase zu berühren – und das gilt nicht nur für die Schnupfenzeit. Ansonsten ist ein Test des sogenannten *Kaltgeruchs* absolut legitim. So können erfahrene Raucher einen Anflug des späteren Genusses zumindest erahnen – oder sich zur Not wunderbar überraschen lassen. Für den geneigten Anfänger ist das Bouquet aber allemal ein Anhaltspunkt, denn Ähnliches riecht zumeist auch ähnlich und ist zumindest einen beherzten Praxistest wert. Als echtes Genussmittel sollte eine Zigarre sowieso mit allen Sinnen genossen werden, also auch mit der Nase.

Tipp: Wer sich beim Geruchstest nur der Längsseite widmet, riecht zwar das wunderbare Deckblatt, zumeist aber nicht den geschmacksgebenden Körper. Es empfiehlt sich also, auch das offene Fußende der Zigarre zu beschnüffeln.

Was das Format und die Größe betrifft: Die eigenen Vorlieben entscheiden. Es gibt nicht wenige Raucher, die sehr viel Wert auf die Optik legen und daher zu großformatigen Zigarren greifen – vor allem wenn die eigene Köperstatur auch eher imposant ist.

Dennoch sollte man das etwas phallische Aussehen einer Zigarre nicht überstrapazieren. Wie meinte einst Sigmund Freud so wunderbar: »Manchmal ist eine Zigarre einfach nur eine Zigarre.« Am Ende des Tages muss eine Zigarre also zunächst einmal schmecken, die Optik kommt an zweiter Stelle. Generell lässt sich in letzter Zeit jedoch ein Trend zu größeren Ringmaßen ausmachen.

Als Zigarreneinsteiger bietet ein größeres Ringmaß zudem einige Vorteile. Da man anfangs oft dazu tendiert, sehr häufig an einer Zigarre zu ziehen und sie daher sehr heiß zu rauchen, hat man bei einer etwas dickeren Zigarre etwas mehr Spielraum. Dazu bietet eine längere Zigarre auch automatisch mehr »Filter«. Also bitte keine Angst vor großen Formaten, auch wenn man die längere Rauchdauer natürlich im Auge behalten sollte: Wer nur knapp 30 Minuten Zeit mitbringt, sollte sich in den seltensten Fällen eine 90-Minuten-Zigarre anstecken. Bevor man zum Ende hin hektisch zur Schnappatmung übergeht oder gar eine leckere Zigarre einsam im Aschenbecher zurücklassen muss, obwohl sie gerade so richtig gut wird, lohnt es sich vorher beim Verkäufer nach der geschätzten Rauchdauer zu fragen und dann beherzt zur kürzeren Variante zu greifen.

Mild oder kräftig?

Zunächst ist es hierbei wichtig zu definieren, was *mild* bzw. *stark* bei Zigarren überhaupt bedeutet. In der Regel wird mit dem Begriff *Stärke* nämlich der Nikotingehalt der Tabakmischung beschrieben, die Intensität der vorherrschenden Aromen hingegen als *Würze*. Im Sprachgebrauch sind die Grenzen oft sehr schwammig, sodass es zu Verwirrungen kommen kann. Eine *milde Zigarre* enthält entsprechend weniger nikotinhaltige Tabakblätter (also eher vom unteren Teil der Pflanze) als eine starke Zigarre, bei der zum Beispiel ein höherer Anteil *Ligero* beigemischt wurde.

In den meisten Fällen wird eine 5er-Skala benutzt, bei der die Abstufungen *sehr mild* (1), *mild* (2), *mittel/medium* (3), *stark* (4) und *sehr stark* (5) geläufig sind. Aber auch eine vereinfachte 3er-Skala *(mild, mittel, stark)* wird verwendet, die zumeist auf der US-amerikanischen Unterteilung *mild, medium-body* und *full-body* fußt.

Beim Beschreiben der Würze wird ebenfalls eine 5er-Skala verwendet, die von *sehr mild* (1) und *mild-aromatisch* (2) über *medium-aromatisch* (3) bis hin zu *würzig* (4) und *kräftig* (5) reicht. Aber auch andere Bezeichnungen sind geläufig; eine wirkliche Standardisierung existiert nicht. Beiden Charakteristiken, *Stärke* und *Würze*, liegt eher eine subjektive Einschätzung zugrunde und keine wissenschaftliche Messung, sodass es bei den Einschätzungen teilweise zu erheblichen Abweichungen kommen kann.

Tipp: Die Stärke eine Zigarre wird übrigens über die Nase wahrgenommen. Einfach einen kräftigen Zug im Mundraum etwas abkühlen und dann durch die Nase entweichen lassen: Je stärker der dabei entstehende Sinneseindruck, desto höher der Nikotingehalt. So lässt sich im Übrigen auch herausfinden, ob eine Zigarre ausgewogen ist. Idealerweise steigt die Stärke in der Nase wie eine Welle erst an und schwächt sich zum Ende hin wieder ab.

Es lohnt sich für Einsteiger – gerade wenn sonst keine Zigaretten o. Ä. geraucht werden – mit etwas milderen Zigarren zu beginnen und sich im eigenen Tempo vorzupirschen. Bei der Würze kann man ähnlich verfahren – gewissermaßen vom *Asti Spumante* zu den Jahrgangschampagnern dieser Welt. Quantensprünge sind natürlich immer erlaubt, sobald man etwas findet, das einem schmeckt.

Helfen kann der Tabakhändler des Vertrauens, der den Charakter einzelner Marken und Sorten beschreiben kann – doch auch der Online-Handel stellt hier eine zuverlässige und praktische Alternative dar, sofern dem Kunden ausreichende Filtermöglichkeiten im Shop zur Verfügung stehen.

Günstig oder teuer?

Ein sehr wichtiges, für viele Raucher sogar ausschlaggebendes Kriterium beim Kauf ist der *Preis*. Wie viel einem eine gute Zigarre letztlich wert ist, muss jeder für sich selbst entscheiden. Fakt ist jedoch, dass längst nicht alles, was teuer ist, auch gut ist – und umgekehrt. Es hängt vom eigenen Budget und von persönlichen Vorlieben ab, ob man zu Massenware greift oder sich eine Premium-Zigarre leistet. Auch die sogenannten Super-Premium-Zigarren sind eine Option, bei ihren enorm hohen Preisen für den Normalverbraucher aber

Je länger ein Tabak reift, desto seltener und teurer wird er

kaum erschwinglich. Hier sollte man sich ruhig auch preislich erst einmal von unten an das Luxussegment »heranrauchen«, wobei Sprünge natürlich immer erlaubt sind.

Was macht eine Zigarre eigentlich so teuer? Hauptkostenpunkt ist zumeist die Qualität des Rohtabaks: Je hochwertiger und älter der Tabak, desto seltener ist er und desto teurer wird er. Gerade eine lange Reifezeit – wir sprechen hier von mehreren Jahren – schlägt sich sehr im Preis nieder. Auch begrenzte Anbauflächen oder eine schwierige Verarbeitung machen einen Tabak teurer. Gerade Deckblätter sind davon betroffen. Sie sind das teuerste Ausgangsmaterial, da neben geschmacklichen Qualitäten auch die Optik berücksichtigt werden muss (weshalb Fehlfarben-Zigarren mit unregelmäßigen Färbungen in der Regel günstiger sind). Zudem ist die Menge des verarbeiteten Tabaks entscheidend: Größere Zigarren sind teurer als kleinere, wobei die Preissteigerung hier in der Regel nicht gigantisch ist. Wer also kosteneffizient an die Sache herangeht, sollte eher große Formate rauchen. Auch in der Verarbeitung stecken Preisunterschiede, etwa bei hand- oder maschinengefertigten Zigarren. Zudem sind kompliziertere Formen, wie eine *Diadema* oder *Salomones,* in Handarbeit aufwendiger zu produzieren: es dauert länger, und nicht alle Roller sind dazu qualifiziert.

Im Grunde ist es wie mit »gutem« Wein, der mitunter auch sehr teuer und exzellent sein kann, obwohl einem der Drei-Euro-Wein aus dem Discounter letzte Woche fast besser geschmeckt hat. Am besten lässt man sich nicht beirren und sucht etwas, das einfach gut schmeckt. Und wenn es etwas teurer ist, hat man wenigstens etwas gefunden, das man sich hin und wieder einmal mit gutem Gewissen gönnen darf.

Tipp: Häufig ist ein Teil der Kosten der aufwändigen Verpackung zuzuschreiben – eine preisgünstige Alternative sind die oft zu Unrecht belächelten *Bundle-Zigarren.* Sie werden nicht in Kisten verkauft, sondern einfach in zusammengebundener Form, z. B. in Zellophan eingeschweißt. Die billigere Verpackungsweise hängt nur mittelbar mit der Qualität zusammen. Es können sogar echte Glücksgriffe darunter sein, wobei echte Premium-Zigarren – außer bei Sondereditionen – im Normalfall natürlich in Kisten landen.

Ein Nachteil der *Bundles* ist, dass die einzelnen Stücke eines Bündels nicht zwangsläufig farblich zusammenpassen und sie beim

Transport hin und wieder etwas leiden. Vor dem Kauf eines ganzen *Bundles* lohnt sich also ein Blick in das Paket. Selbst im Online-Handel ist dieser Zustand hinlänglich bekannt, sodass hier entsprechend unproblematisch ausgetauscht werden kann.

Hinweis: Trotz allen Schnäppchendenkens sollte man immer im Hinterkopf behalten, dass unterschiedliche Tabakqualitäten, Reifezeiten, Verarbeitungsstandards und Qualitätskontrollen natürlich Faktoren sind, die den Preis einer Zigarre beeinflussen. Wer bei einer 1,80-Euro-Zigarre die gleichen Maßstäbe wie bei einer 18-Euro-Zigarre ansetzt, darf sich gerne selbst hinterfragen. Oft lohnt es sich in Preissegmenten zu denken und so die subjektiv beste Zigarre in einzelnen Klassen zu suchen. Sehr gute und günstige Zigarren kosten beispielsweise zwischen 3 und 4 Euro, das nächste Preissegment liegt zwischen 6 und 10 Euro, und ab 20 Euro wird es schließlich sehr exklusiv. Nach oben gibt es wie immer keine Grenzen.

Vorsicht bei Selbstimporten und falschen Schnäppchen

Gute Zigarren haben ihren Preis. Da liegt es nahe, nach dem einen oder anderen Schnäppchen Ausschau zu halten. Wessen sich viele Genussraucher nicht bewusst sind: *In Deutschland herrscht eine gesetzliche Preisbindung für Tabakwaren,* das heißt jeder Händler – von der Tankstelle bis zum edlen Fachhandel – muss die Zigarre für den auf der Zollmarke angegebenen Preis abgeben und darf diesen weder über- noch unterbieten. Allein für die Gastronomie sind Serviceaufschläge gestattet. Der einzige erlaubte Rabatt bei Zigarren ist der sogenannte Drei-Prozent-Kistenrabatt auf die ungeöffnete Verpackung. Findige Hersteller haben daraufhin auch 3er- oder 5er-Packungen in ihr Sortiment aufgenommen, sodass sich hier zumindest ein bisschen sparen lässt. Ansonsten sollte man bei Sonderangeboten aber hellhörig werden. Meist werden sie als »Urlaubsmitbringsel« deklariert und wurden entsprechend unverzollt und damit günstiger nach Deutschland gebracht.

Tipp: Jeder kennt zumindest eine Geschichte, in der einem ahnungslosen Urlauber gerollte Bananenblätter oder Sonstiges angedreht wurden. Bei vermeintlichen Urlaubsschnäppchen ist also Vorsicht geboten. Im deutschen Fachhandel werden zum Beispiel alle kubanischen Zigarren direkt beim Alleinimporteur bezogen, der die Echtheit garantiert. Wer den Wunsch hegt, mit den legendären *Habanos* einzusteigen und keine vertrauenswürdige »sonstige« Quelle hat, sollte sich zunächst an einen Fachhändler wenden. Nur so können Sie sichergehen, auch Originalware zu erhalten.

Doch auch wenn die befreundete Bezugsquelle vertrauenswürdig ist, kann Schaden drohen – und das betrifft nicht nur Direktimporte aus den Produktionsländern, sondern auch Grauimporte aus Drittländern, wie Spanien oder Frankreich. So werden alle Zigarren in Deutschland durch die hiesigen Importeure nach der Einfuhr »schockgefrostet«, um mögliche Schädlinge und deren Larven, wie den bekannten Tabakkäfer, abzutöten. Wer schon einmal einen vierstelligen Betrag an *Habanos* im eigenen Humidor durch Käferfraß verloren hat, weiß ein Lied davon zu singen. Durch das Schockfrosten lässt sich dieses Dilemma zwar nicht gänzlich ausschließen, aber immerhin zu 99,9 Prozent vermeiden. Sollten Sie dennoch Zigarren aus dem Urlaub mitbringen wollen oder sich mitbringen lassen, lagern sie diese auf jeden Fall getrennt von ihren sonstigen Schätzchen. Ein eigenhändiges Einfrieren in der Tiefkühltruhe ist übrigens nur in absoluten Notfällen zu empfehlen, da das Tabakblatt durch den langsamen Gefrierprozess stark in Mitleidenschaft gezogen werden kann. Eine Verweildauer von 10 bis 14 Tagen im Kühlschrank – bitte im luftdicht verschlossenen Beutel – reicht normalerweise aus, um die tropischen Käfer samt Larven abzutöten.

Sonderfall kubanische Zigarren?

Wie bei Rotweinen aus Bordeaux oder der Toskana ist man sich auf Kuba der Beliebtheit der einheimischen Marken bewusst – und lässt sich diese bezahlen. Unsere geliebten *Habanos* bringen daher – wie alle anderen echten Markenartikel – ein etwas gehobenes Preisniveau mit. Sehr preisbewusste Raucher, die nicht unbedingt auf den Geschmack von kubanischem Tabak aus kubanischer Erde gemünzt sind, finden daher sehr gute und günstige Alternativen in anderen Anbaugebieten. Gerade Nicaragua hat sich hier in den letzten Jahren

Zigarrenbox mit Datum

hervorgetan und punktet mit durchgehend hohen Verarbeitungsstandards sowie kräftigen Tabakmischungen.

Leider wird hin und wieder von kleinen Verarbeitungsproblemen
berichtet, gerade bei den günstigeren kubanischen Marken. Wenn
Sie also eine Kiste *Habanos* kaufen und sich einige Mängelexemplare
darin befinden, scheuen sie sich nicht, dies auch beim Händler zu re-
klamieren. Im Normalfall ist ein Umtausch kein Problem. Man sollte
aber auch nicht überkritisch sein: Überschaubare Risse am Fußende
einer Zigarre sind in ein paar Minuten »weggeraucht« und kleine
Sonnenflecken haben keinen Einfluss auf den Geschmack. Immerhin
handelt es sich um ein handgearbeitetes Naturprodukt, das in der
Regel einen langen Weg hinter sich hat.

Ein weiterer streitbarer Punkt bei unseren geliebten *Havannas*
ist mitunter die sofortige Rauchbarkeit der frisch gekauften Ware.
Nicht wenige Stimmen bezeichnen die »jungen« *Habanos* als nicht
ausgereift und empfehlen daher, eine gekaufte Zigarre für mindes-
tens drei bis sechs Monate im heimischen Humidor nachreifen zu
lassen. Ein Kapitel zum sogenannten *Aging* findet sich im weiteren
Verlauf dieses Buches (s. S. 67)

Wie lässt sich nun herausfinden, wie »frisch« eine kubanische
Zigarre ist? Das ist kein Geheimnis: Die Kisten sind mit einem sogenannten *Box Date* oder *Boxing Date,* also Abpackdatum, gekennzeichnet, welches aus der spanischen Bezeichnung des Monats und des
betreffenden Jahres besteht. Das System gibt es seit dem Jahr 2000,
sodass *ENE 00* (Enero = span. Januar) den Januar 2000 bezeichnet,
FEB 11 den Februar 2011 usw.:

ENE (Januar) | FEB (Februar) | MAR (März)
ABR (April) | MAY (Mai) | JUN (Juni) | JUL (Juli)
AGO (August) | SEP (September) | OCT (Oktober)
NOV (November) | DIC (Dezember)

Übrigens nutzen auch einige wenige, nicht-kubanische Hersteller
Box Dates auf ihren Kisten. Hier sei zum Beispiel der Amerikaner
Pete Johnson mit seiner *Tatuaje* erwähnt. Andere Hersteller geben
kleine Beileger in die Kisten, mit denen sich das Abpackdatum nach-
vollziehen lässt. Dort finden sich dann häufig englische Abkürzun-
gen für die Monate, das Prinzip bleibt aber das gleiche.

Tipp: Wichtig ist wie immer nur, dass es schmeckt. Wenn die *Cohiba* frisch mundet, dann ist es so. Die Meinungen über das sogenannte *Aging* (s. u.) gehen weit auseinander. Am besten lassen Sie sich von den Diskussionen nicht verrückt machen, sondern probieren es bei Gelegenheit einfach aus. Allerdings schwören viele *Aficionados* auf »ältere« Zigarren. Es kann also – wie bei gutem Wein – ein wunderbares weites Spielfeld sein. Darüber hinaus kann es mitunter schön sein, auf etwas Gutes auch etwas länger zu warten. Einige alteingesessene Händler bieten direkt ältere Jahrgänge an; dann allerdings nur in ganzen Kisten. Hin und wieder gibt es aber Verkostungen und Sonderaktionen, bei denen auch solch ein Schätzchen aufgemacht wird. Es lohnt sich also, informiert zu bleiben.

Aufbewahrung

Damit die Zigarre ihr Aroma so lange wie möglich beibehält und idealerweise immer »rauchbar« ist, muss sie unbedingt angemessen gelagert werden. Die richtige *Luftfeuchtigkeit* spielt dabei eine zentrale Rolle. Es empfiehlt sich daher, Zigarren in einem eigens dafür vorgesehenen *Humidor* zu lagern, der mithilfe eines *Befeuchters* für ein perfektes Klima sorgt.

Luftfeuchtigkeit

Die ideale relative Luftfeuchtigkeit zum Aufbewahren von Zigarren liegt bei rund 70 Prozent. Je nach Quelle werden auch Empfehlungen darüber oder darunter ausgesprochen (ca. 65 bis 72 Prozent). Innerhalb dieses Bereiches liegt man also immer relativ gut. Dies sollte mithilfe eines Messgerätes, des sogenannten *Hygrometers,* in regelmäßigen Abständen überprüft werden. Aber Vorsicht: Die Geräte weisen gewaltige Qualitätsunterschiede auf.

Grundsätzlich gilt: Je konstanter die relative Luftfeuchtigkeit gehalten wird, desto besser ist dies für die gelagerten Zigarren – gerade wenn sie über einen längeren Zeitraum gelagert werden sollen. Die Luftfeuchtigkeit sollte in jedem Fall regelmäßig überprüft oder automatisch geregelt werden.

Hygrometer

Die in vielen handelsüblichen Humidoren fest verbauten Hygrometer eignen sich häufig eher als Zierde, denn als Messinstrument. Mehrheitlich handelt es sich bei allen analogen Geräten (also mit »Zeiger«) unter fünf Zentimetern Durchmesser um sogenannte *Spiralhygrometer,* die häufig leider nicht mal ansatzweise eine genaue Luftfeuchte anzeigen. Von Abweichungen bis zu 40 Prozent ist die Rede.

Haarhygrometer bieten schon eine viel bessere, weil genauere Alternative, sind jedoch meistens erst ab ca. fünf bis sechs Zentimetern Durchmesser verfügbar. Man unterscheidet hier zwischen *Echthaar-* und *Kunsthaar*-Hygrometern, wobei Letztere viel wartungsärmer sind und deshalb empfohlen werden. Als gute Alternative haben sich auch elektronische Hygrometer mit digitaler LCD-Anzeige erwiesen, aber auch hier schwankt die Qualität.

Welcher Hygrometer auch genutzt wird, er sollte in jedem Fall regelmäßig kalibriert werden. Der gangbarste, wenn auch nicht genaueste Weg führt über die sogenannte *Lappen-Technik:* Hierbei wird der Hygrometer ca. eine Stunde lang in einen feuchten Lappen eingewickelt und dann auf 98 Prozent eingestellt. Eine hundertprozentige Genauigkeit wird so nicht erreicht, aber die Abweichungen halten sich in einem tolerierbaren Rahmen.

Tipp: Der Hygrometer sollte an der dem Befeuchtungselement abgewandten Seite des Humidors stehen, idealerweise auf halber Höhe des Messbereichs. Feuchte Luft ist leichter als trockene Luft und steigt nach oben, sodass im Humidor ein kleines Gefälle bei der Luftfeuchtigkeit entsteht. Man sollte also einen guten Mittelwert finden.

Befeuchter

Unterschiede existieren auch bei den handelsüblichen Befeuchtungselementen. Man unterscheidet hier zwischen *passiven* und *aktiven Befeuchtern.* Passive Befeuchter sind mit Schwämmen, Bimssteinen oder Acrylpolymeren ausgestattet, die als Wasserspeicher dienen. Man füllt sie mit entmineralisiertem Wasser, z. B. für Auto-Batterien, das diese dann mehr oder weniger gleichmäßig an ihr Umfeld abgeben. In der Regel gibt der Befeuchter am Anfang mehr Feuchtigkeit ab und gegen Ende hin weniger. Dies bedeutet aber, dass das Innere eines Humidors mit einem passiven Befeuchter größeren Schwankungen ausgesetzt ist und – gerade wenn frisch nachgefüllt wurde – sehr feucht werden kann. Grundsätzlich werden *Acrylpolymeren* eine langsamere Feuchtigkeitsabgabe und ein höherer Bedienkomfort nachgesagt. Diese kleinen Kügelchen schwemmen bei Kontakt mit Wasser regelrecht auf und schrumpfen dann entsprechend wieder zusammen, sobald sie das Wasser verlieren. Sie bieten daher auch eine optische Kontrollmöglichkeit.

Tipp: Es muss kein teures *destilliertes* (also *keimfreies)* Wasser aus der Apotheke sein. Verhindert werden soll nur, dass sich die Schwebeteilchen aus »normalem« Wasser im Befeuchter ablagern und diesen verstopfen. Dafür genügt entmineralisiertes Wasser. Ein Besuch im Baumarkt statt im Medizinbedarf kann also ein paar Euro sparen. Einige Hersteller bieten auch spezielle *Humidorflüssigkeiten* an, wie z. B. *Propylenglykol.* Es ist aromaneutral, zieht Wasser stark an und soll daher ein Überfeuchten des Humidors verhindern. Ein Muss ist es aber auf keinen Fall, wie einige Hersteller glauben machen möchten. Nichtsdestotrotz schwören viele auf dessen Einsatz.

Aktive Befeuchter sind hingegen in der Lage, die Feuchtigkeitsabgabe entsprechend des Umfeldes zu steuern und so eine konstante Luftfeuchtigkeit herzustellen. Sie reagieren also auf einen Abfall des Feuchtigkeitslevels und geben mehr Feuchtigkeit ab. Im Gegenzug stoppen sie die Abgabe, sobald ein gewisses Niveau erreicht ist. Damit sind sie eine »intelligente« Alternative zu den »dummen« passiven Befeuchtern, die eine regelmäßige Kontrolle benötigen. *Elektronische Befeuchter* sind mit einem Messgerät sowie einem kleinen Ventilator ausgestattet und regeln sich selbst. Sie sind besonders für Genießer geeignet, die die Luftfeuchte ihrer Zigarren über einen längeren Zeitraum nicht kontrollieren können. Sie haben jedoch einen entscheidenden Nachteil: einen hohen Preis. Je nach Wert der gelagerten Zigarren, macht der Einsatz eines elektronischen Befeuchters also mehr oder weniger Sinn.

Tipp: Als gute Alternative – gerade für Einsteiger – haben sich in den letzten Jahren die kleinen Befeuchterbeutel der Firma Bóveda herausgestellt. Sie sind wie kleine, mit einer Feuchtigkeit gefüllte Kissen, die zusätzlich mit einer Membran ummantelt sind, die auf eine bestimmte relative Luftfeuchtigkeit »eingestellt« wurde, z. B. 68 oder 72 Prozent für Zigarren. Bis zu dieser Grenze geben sie Feuchtigkeit ab und halten das Umfeld somit relativ konstant. Sie sollen sogar in der Lage sein, überschüssige Feuchtigkeit bis zu einer gewissen Grenze aufzunehmen. Ist die in den Beuteln eingeschlossene Feuchtigkeit verbraucht, werden sie einfach hart und gegen neue Beutel ausgetauscht. Bis auf den Umweltaspekt dieses »Wegwerfartikels« handelt es sich wirklich um ein tolles System, das übrigens auch im Instrumentenbau – z. B. bei hochwertigen Holzinstrumenten – Anwendung findet. Zahlreiche namhafte Zigarrenhersteller haben sich dem Bóveda-System bereits verschrieben. Auch hierzulande wächst die Fangemeinde des »Rundum-Sorglos-Pakets«, zu dem es auch die passenden Humidor-Halterungen zu kaufen gibt.

Temperatur

Bei der Lagerung ist auch stets die Temperatur zu beachten: Etwa 20 °C gelten als angemessen. Werden die Zigarren zu heiß und trocken gelagert, brennen sie zu schnell und ungleichmäßig. Zudem können sie leicht reißen oder brechen. Trockene Zigarren, die wiederum sehr feucht gelagert werden, platzen oft auf. Allesamt keine schönen Szenarien.

Natürlich ist dies alles leichter gesagt als getan, denn die wenigsten Leute besitzen eine Klimakontrolle im eigenen Haus. In der Regel werden die Zigarren bei Raumtemperaturen gelagert und sind somit auch Temperaturschwankungen ausgesetzt. Mit Sicherheit ist dies nicht das Nonplusultra, aber in der Regel vollkommen ausreichend – vorausgesetzt, dass die Zigarren nicht neben dem Herd oder auf der Heizung aufbewahrt werden.

Entscheidender als die tatsächliche Temperatur ist die relative Luftfeuchtigkeit: Kalte Luft kann mehr Wasser aufnehmen als trockene. Das heißt, dass jede Temperaturänderung auch zu einer Änderung der Feuchtigkeit führt. Seien Sie also darauf bedacht, das Umfeld so konstant wie möglich zu halten. Dies gilt insbesondere für Raucher, die ihre Zigarren gerne über einen längeren Zeitraum einlagern bzw. *agen* möchten.

Zigarrenblüte

Schimmel oder Zigarrenblüte?

Nicht selten finden sich verdächtige weiße Spuren auf den geliebten Zigarren, die den geneigten Betrachter unweigerlich an Schimmel denken lassen. Doch der Ehrlichkeit halber muss gesagt werden: In den seltensten Fällen ist dies wirklich der Fall. Vielmehr handelt es sich dabei um die sogenannte *Zigarrenblüte,* die in Form von weißen, gräulichen oder auch grünlich-gelblichen Ausblühungen oben auf der Zigarre aufsitzen. Die Zigarrenblüte kommt in verschiedenen Arten vor, zu denen es wiederum verschiedene chemische Erklärungen gibt. Sie tritt aber wohl verstärkt bei großen Feuchtigkeitsschwankungen auf. Zudem scheinen besonders Zigarren in (Alu-) Tuben davon betroffen zu sein.

Wichtig ist aber vor allem: Die Zigarrenblüte selbst ist nicht schädlich. Sie lässt sich einfach mit einem Pinsel (o. Ä.) entfernen, was auch umgehend getan werden sollte. Denn die Zigarrenblüte kann einen Nährboden für »echten« Schimmel bieten. Zudem sollte sie nicht mitgeraucht werden: Sie schmeckt einfach nicht.

Tipp: Lässt sich der zumeist weiße Flaum auf einer Zigarre rückstandsfrei (!) abstreifen oder abbürsten, handelt es sich zu 99,9 Prozent um Zigarrenblüte. Das bedeutet nicht, dass die Zigarrenblüte ein Deckblatt nicht beschädigen kann. Schimmel hinterlässt in den meisten Fällen jedoch einen deutlichen Fleck. Das Ganze ist also mehr als Faustregel gedacht, um auf Nummer sicher zu gehen. *In dubio contra reo.*

Tabakschimmel selbst tritt sehr selten auf, da hierzu die relative Luftfeuchtigkeit über einen sehr langen Zeitraum sehr hoch sein muss (80 Prozent oder mehr). Realistischer ist das Szenario, dass fremde Sporen »eingeschleppt« werden und sich diese auf den Zigarren breit machen. Sie breiten sich meistens rundlich und punktuell aus und bilden neben einem Kern auch eine Art Vorhof. Die Farben variieren zwischen weiß, schwarz-grau bis grün-grau. Auch Schimmel lässt sich von der Zigarre abstreifen, meistens bleibt jedoch eine Verfärbung zurück. Im Gegensatz zur Zigarrenblüte ist Schimmel sehr wohl gesundheitsgefährdend und die betroffenen Zigarren sollten unbedingt sofort entsorgt werden.

Sollte die Zigarre im Humidor verschimmelt sein, sollten auch die anliegenden Zigarren entsorgt und der Humidor selbst gründlich gereinigt werden. Essig oder auch Alkohol sind dabei keine Hilfe, da sie Schimmelpilze nicht abtöten, sondern lediglich ablösen können. Von einer chemischen »Keule«, die im Haushalt zum Einsatz kommt, sollte an dieser Stelle aus gesundheitlichen Gründen deutlich Abstand genommen werden. Der international als »Humidor-Papst« anerkannte Experte und Premium-Humidor-Bauer Marc André schlägt als gangbaren Weg vor, den betroffenen Humidor zunächst mit einem heißen Haartrockner gut auszublasen, um die Sporen abzutöten (unbedingt an der freien Luft und mit Mundschutz), dann die Innenseiten mit 120er-Schleifpapier abzuschmirgeln und schließlich gründlich auszusaugen. Da viele – vor allem günstige – Humidore innen nur mit einer sehr dünnen Holzschicht verkleidet sind, ist es eventuell nötig, das gute Stück danach neu zu verkleiden. Je nach Anschaffungspreis muss jeder selbst entscheiden, ob sich dieser Aufwand lohnt oder man nicht doch lieber zu einem Neuen greift.

Mit oder ohne Zellophan?

Viele Hersteller außerhalb Kubas sind mittlerweile dazu übergegangen, die einzelnen Zigarren in den Kisten zu *zellophanieren*. Der durchsichtige und aromaneutrale Kunststoff schützt nicht nur die Zigarre gegen Transportschäden, sondern verlangsamt auch das Austrocknen. Ob man seine Zigarren nun besser mit oder ohne Zellophan lagert, hängt allein vom Zweck der Lagerung ab: Wer allein an einer Aufbewahrung bis zum baldigen Rauchgenuss interessiert ist, kann den Kunststoff gerne um die Zigarre herum lassen. Gerade wenn Sie viele Einzelzigarren lagern, können Sie damit sogar den Einfluss der verschiedenen Tabakaromen unterschiedlicher Zigarren vermindern. Wer jedoch an einer längeren Lagerung im Sinne eines *Agings* interessiert ist, sollte das Zellophan lieber entfernen.

Aromatisierte Zigarren

In den USA sind sie längst ein Teil der Zigarrenkultur; und auch in Deutschland gibt es nicht wenige Fans der Stumpen mit Vanille & Co. Doch während Aroma-Zusätze bei Pfeifentabak oder Zigarillos gang und gäbe sind, tut sich gerade bei Premium-Zigarren eine Kluft auf. Vor allem eingefleischte *Aficionados* machen keinen Hehl aus ihrer Ablehnung, da das Spiel mit den natürlichen Tabakaromen, das Meisterwerk der perfekten Reife und die genaue Abmischung der Blends so natürlich ad absurdum geführt werden.

In diesem Buch soll daher auch nicht weiter auf das Thema eingegangen werden. Aber letztlich gilt auch hier: Wenn es schmeckt, schmeckt es eben! Nur sollten alle aromatisierten Zigarren getrennt von nicht-aromatisierten aufbewahrt werden. Am besten in einem getrennten Behältnis, idealerweise einem zweiten Humidor oder Ähnlichem, wobei man auf die Mühe mit Zedernholz etc. getrost verzichten kann. Aber auch beim Rauchen sollte Rücksicht auf die Nachbarn genommen werden, vor allem in alteingesessenen Lounges werden die »Fruchtstengel« mitunter nicht gerne gesehen bzw. gerochen.

Humidor

Zum Thema *Humidor* wurde jetzt schon einiges geschrieben, ohne auf das »Gehäuse« selbst einzugehen. Im Handel gibt es sehr viele Humidore zu kaufen, und das in allen Preisklassen. Wer schon einmal auf der Suche nach einem geeigneten Humidor war, kann sich vorstellen, wie mühsam die Vor- und Nachteile der einzelnen Angebote abzuwägen sind. Von den verschiedenen Designs ganz zu schweigen. Nur so viel: Qualität hat auch hier ihren Preis. Aber um einen Vergleich zu bemühen: Ein einfacher Motorradhelm ist definitiv besser, als ohne Helm zu fahren.

Bei der Auswahl sollte man sich sowohl von seinen eigenen Ansprüchen und Möglichkeiten sowie vom Wert der gelagerten Zigarren leiten lassen. Wer teure Zigarren für einen langen Zeitraum aufbewahren möchte, der sollte nicht an der Hardware sparen. Allerdings entfällt ein nicht unerheblicher Teil der Produktionskosten auf die Außenhülle, die nichts mit der eigentlichen Funktionalität zu tun hat. Ein guter Humidor bringt vor allem drei entscheidende Eigenschaften mit: Er ist möglichst *luftdicht, frei von schädlichen Einflüssen* und bietet im Inneren eine *gute Luftzirkulation.*

Luftdicht: Streng genommen spielt hierbei weniger die Luft eine Rolle, als vielmehr die darin enthaltene Feuchtigkeit. Entgegen

Humidor von Brizard & Co. aus Massivholz mit Belüftungsrillen

weitläufiger Meinungen müssen Zigarren nicht »atmen«. Richtig ist zwar, dass Tabak zum Reifen Sauerstoff benötigt; die im Humidor befindliche Menge reicht dafür jedoch aus. Wichtiger ist also, dass ein Humidor die in ihm befindliche Feuchtigkeit ordentlich einschließt, um ein Austrocknen zu verhindern. Im Allgemeinen ist der Deckel dabei der Schwachpunkt, weshalb der sogenannte »Deckel-Test« sehr beliebt ist: Man hebt den Deckel des Humidors ein paar Zentimeter an und lässt ihn dann fallen. Klatscht er mit einem hellen Knall ungebremst auf die Unterseite, konnte sich im Inneren kein Luftkissen bilden. Letzteres hätte den Fall abgebremst und einen tieferen, dumpferen Ton erzeugt – zumindest in der Theorie. Der Test funktioniert nicht bei jedem Modell, und auch bei Glasdeckeln sollte man vorsichtig sein.

Frei von schädlichen Einflüssen: Tabak ist sehr empfindlich gegen äußere Aroma-Einflüsse. Riecht ein neuer Humidor etwa nach Kleber, sollte man seine Zigarren erst gar nicht hineinlegen. Gleiches gilt für das Holz: Vor allem das Holz der *Credrele,* die auch *Spanische Zeder* genannt wird, ist als eines der wenigen Hölzer bekannt, die ursprüngliche Tabakaromen nicht beeinflussen, sondern sogar fördern können. Daher ist beinahe jeder verfügbare Humidor zumindest mit einem Furnier aus Spanischer Zeder versehen, das in vielen Fällen aber so dünn ist (dünner als ein Millimeter), dass das Aroma-Gleichgewicht nur schwer aufrechtzuerhalten ist. Ein Nachteil hat aber auch die Spanische Zeder: Sie neigt bisweilen zum Ausharzen. Um dies zu verhindern, setzen Premium-Hersteller wie Marc André ein neutrales Edelholz vor der eigentlichen Holzschicht ein.

Gute Luftzirkulation: Ist ein Humidor möglichst dicht und frei von schädlichen Aromen, sollten die in ihm befindlichen Zigarren auch möglichst gleichmäßig befeuchtet werden. Feuchte Luft ist leichter als trockene, sodass es keinen Sinn macht, einen Befeuchter im Deckel des Humidors anzubringen – auch wenn er bei einem Großteil der erhältlichen Humidore genau dort platziert wurde. Man sollte diese »Voreinstellung« wissentlich ignorieren. Darüber hinaus darf alles, was eine reibungslose Luftzirkulation zusätzlich beeinträchtigen könnte – seien es Tabletts oder Schubladen mit zu kleinen Luftschlitzen, Trennwände ohne Aussparungen etc. – kritisch hinterfragt werden. Gleiches gilt für die Zigarren selbst: Wer seinen Humidor bis zur Decke mit Zigarren vollpackt, sodass die

Hälfte keine Feuchtigkeit ziehen kann, sollte über eine größere Alternative nachdenken.

(Sonnen-)Licht ist kein Freund von Zigarren! Humidore mit Glasdeckeln oder -türen sehen zwar gut aus, sind aber für eine längerfristige Aufbewahrung ungeeignet, wenn die einzelnen Zigarren dadurch Licht ausgesetzt werden. Sie bleichen aus und verlieren einen Teil ihres Aromas.

Alternativen

Wer sich keinen speziellen Humidor anschaffen möchte, muss nicht unbedingt auf die Lagerung im trauten Heim verzichten, solange die oberen drei Kriterien erfüllt sind. Auf jeden Fall sollte das Behältnis an einem möglichst dunklen, nicht von Temperaturschwankungen beeinflussten Ort untergebracht werden. Hier ein Vorschlag für eine sehr günstige Alternative:

Man nehme einen *luftdichten, aromaneutralen Plastikbeutel* (z. B. Zip-Loc) oder ein *Einmachglas mit Gummidichtung* (z. B. Weck, Rex), ein paar Späne der *Spanischen Zeder* (z. B. aus einer alten Zigarrenkiste; einfach den Händler danach fragen) und füge eine *Feuchtigkeitsquelle* hinzu. Von der Verwendung von Obststücken zur Feuchthaltung ist abzuraten, auch wenn dies – insbesondere bei Pfeifenrauchern – eine relativ verbreitete Methode ist. Häufig ist Schimmelbildung die Konsequenz. Besser greifen Sie auf einen professionellen Befeuchter zurück, wie die bereits erwähnten wunderbar einfachen und günstigen Bóveda-Humidipaks. So können die geliebten Zigarren eine ganze Weile auch ohne Humidor schadlos überstehen.

Ist man im Besitz einer Cabinet-Zigarrenkiste, lässt sich diese auch in einem größeren luftdichten Beutel mit Bóveda-Befeuchtern verstauen. Viele Zigarrenhändler verkaufen die alten Kisten für wenige Euro.

Tipp: Die Lagerung im Kühlschrank ist einer der größten Zigarrenmythen. Nicht nur, dass die Zigarren hier leicht austrocknen können, es ist auch möglich, dass sie mit der Zeit das Aroma anderer Lebensmittel annehmen – was in der Regel unerwünscht sein dürfte. Es sei denn, Sie wünschen sich neben der Whisky- auch eine Mettwurst-Zigarre.

Das Nachreifen / »Aging«

Beim Thema *Aging* scheiden sich die Geister. Es gibt ebenso viele Befürworter wie Gegensprecher. Die allgemeine Annahme, eine Zigarre werde durch lange Lagerung »besser«, ist natürlich nicht besonders hilfreich. Einen generellen Hype rund um das *Aging* zu veranstalten, ist dementsprechend unangebracht. Ebenso wäre es falsch, dem Nachreifen jeglichen Nutzen abzusprechen.

Grundsätzlich wird vor allem kubanischen Zigarren ein hohes Reifepotenzial nachgesagt. Der vielleicht bekannteste Verfechter des Agings ist der renommierte, in Hong Kong lebende Sammler und Philanthrop Min Ron Nee. In seinem Standardwerk *Eine illustrierte Enzyklopädie der postrevolutionären Havanna-Cigarren,* welches mit über 2.000 Seiten und 4.000 Bildern – größtenteils aus der eigenen Sammlung – ein hervorragendes und sehr detailliertes Werk für ambitionierte Habano-Fans darstellt, unterscheidet er vier unterschiedliche Phasen:

1. *Sick period:* Abbau von Ammoniak; einige Monate bis zwei Jahre
2. *Erste Reifung:* laufende Fermentation; je nach Stärke und Verpackung (Normal- oder Cabinet-Kiste); 2 bis 15 Jahre
3. *Zweite Reifung:* Tannin-Abbau und Reaktion der Abbauprodukte mit den durch die Fermentation entstandenen Aromen; 15 bis 25 Jahre
4. *Dritte Reifung:* umfassende chemische Reaktionen (nicht bei allen Zigarren möglich); nach über 20 Jahren

Min Ron Nee geht hier jedoch – vergleichbar mit den großen Weinen aus Bordeaux oder dem Burgund – von sehr langen Reifungszyklen aus. Wohl dem, der a) einen großen Humidor und b) einen sehr langen Geduldsfaden hat. Doch nicht alle Zigarren eignen sich für eine jahrelange Nachreifung.

Grundsätzlich gilt: Je kräftiger die Aromen einer Zigarre ausgeprägt sind, desto höher ist ihr Reifepotenzial. Hierbei handelt es sich allerdings nicht um die Stärke – also den Nikotingehalt – einer Zigarre, sondern um deren Würze. Die ätherischen Öle im Tabak verändern sich über die Zeit und damit auch den Geruch und Geschmack der Zigarre. Im Allgemeinen wird sie im Laufe der Zeit milder. Einige Ecken des Aromen-Spektrums verändern sich dabei schneller als andere, sodass nach ein paar Jahren ein komplett neues Geschmacksmuster entstehen kann. Für eine langfristige Reifung wird dabei ein möglichst stabiles Umfeld mit einer verringerten Luftfeuchtigkeit vorgeschlagen: Nur 50 bis 60 Prozent relative Luftfeuchte, gleichbleibende Temperatur und so wenig wie möglich Frischluft gelten als ideal.

Nicht alle Zigarrenexperten sind sich jedoch darüber einig, was das *Nach*reifen von Zigarren angeht. Das »nach« ist an dieser Stelle bewusst hervorgehoben, denn eigentlich – so meinen kritische Stimmen – sollte ein Tabak ausgereift sein, bevor er in einer Zigarre verrollt wird. Wer will schon zwei bis fünf Jahre – oder länger – auf eine Zigarre warten, die er gerade gekauft hat? Gleichzeitig werfen die Kritiker vor allem den kubanischen Produzenten vor, die oben genannte *Sick Period* nicht mehr zu beachten, die Zigarren stattdessen schnell in klingende Münze zu verwandeln und sich anschließend auf das Nachreifen zu berufen. Und die Wahrheit? – Nun, die muss leider jeder für sich selbst herausfinden.

Tipp: Nicht dem *Aging*-Wahn verfallen, sondern sich ein eigenes Bild machen. Vor allem die kubanischen Hersteller geben auf den Kisten das Produktionsdatum der Zigarren in Form der sogenannten *Box Dates* an. Schmeckt eine »frische« Zigarre bereits hervorragend, gibt es keinen Grund zu warten. Lassen sich aber insbesondere stallige Noten, etwa von Ammoniak, vernehmen, lohnt es sich, Geduld zu üben – zumindest wenn es sich um eine insgesamt würzige Zigarre handelt. Es ist wie beim Wein: Nicht jeder Tropfen eignet sich für die Lagerung. Das Warten muss sich also auch lohnen.

Möchte man für längere Zeit einlagern, sollten es idealerweise ganze Kisten sein, da die Zigarren so mit Ihresgleichen nachreifen können. Hierfür haben sich Vollholz-Kisten (sog. *Cabinet*-Kisten) sehr bewährt. Die papierbeschichteten Kisten (sog. *habilitierte* Kisten) sind hingegen weniger geeignet, da das Einlagepapier die Tabakaromen aufnimmt und sich unschön verfärbt. Tabak ist sehr empfindlich und nimmt Fremdaromen – auch von anderen Zigarren – schnell an. Wer sich zu den Puristen zählt, sollte also auf eine strikte Trennung achten.

Ansonsten bietet es sich an, bei den persönlichen Zigarrenvorräten regelmäßig von den vorläufig gelagerten Produkten zu probieren. Indem man beispielsweise alle vier bis sechs Monate eine

Zigarre der gelagerten Sorte raucht und sich Notizen bezüglich einer möglichen Veränderung macht, lässt sich ohne viel Aufwand feststellen, ob sie sich zu ihrem Vorteil entwickelt hat und eine weitere Reifung Sinn macht.

Viele Sammler sind zudem dazu übergegangen, Zigarren in Einmachgläsern einzulagern. Das sogenannte *Jarren* (von engl. *Jar*) hat den Vorteil, dass die Gläser günstig sind und wirklich luftdicht verschließen. Mittlerweile gibt es auch kleine Befeuchter, die gezielt auf 50 oder 60 Prozent Luftfeuchte ausgelegt sind. Einfach etwas Zedernholz, z. B. aus einer Zigarrenkiste, zugeben, das Glas möglichst komplett mit Zigarren aus einer Kiste füllen und bei gleichbleibender Temperatur lichtgeschützt – etwa im Keller – einlagern. Was bei der Großmutter gut war, muss heute also nicht schlecht sein. Die geschmackliche Entwicklung ist zwar etwas anders als beim Nachreifen im Cabinet, aber wer sich an das Thema *Aging* herantasten möchte, kann so einen einfachen und günstigen Einstieg finden.

Accessoires

Über das passende Beiwerk zur Zigarre wird fast ebenso viel diskutiert, wie über die Zigarren selbst. Zwischen Werkzeug und Statussymbol ist dabei alles zu finden.

Zigarrenschneider

Um sie zu rauchen, ist es bei den meisten handgefertigten und teilhandgefertigten Zigarren nötig, die Kappe am Kopf zu öffnen. Natürlich ist es eine Möglichkeit, das Ende mit den Fingernägeln zu entfernen oder gar abzubeißen – aber je nachdem, in welchem gesellschaftlichen Umfeld man sich befindet, könnte derartiges Verhalten auf wenig Verständnis stoßen. Bei einem ungeübten Versuch könnte man die Zigarre sogar zerstören. In den meisten Fällen bleibt sie zwar rauchbar, allerdings ist das Vergnügen doch arg getrübt, wenn man die Zahnzwischenräume voller Tabakreste hat.

Deshalb hilft ein einfacher *Anschneider* – auch Zigarrenschneider oder Cutter genannt –, der in den verschiedensten Ausführungen

Anschnitt (v. l. n. r.): Guillotine, V-Cut, Punch

und Preisklassen in jedem gut sortierten Handel zu erwerben ist. Im Grunde erfüllt das Gerät lediglich die schlichte Funktion eines scharfen Messers oder einer Rasierklinge – die Schärfe ist hierbei jedoch ein entscheidender Aspekt. Benutzt man einen zu stumpfen Gegenstand für den Schnitt läuft man nicht nur Gefahr, ein wesentlich unsaubereres Ergebnis zu erzielen, sondern den empfindlichen Zigarrenkopf auch zu stark zu strapazieren.

Manche Zigarrenschneider eignen sich besser für unterwegs oder für bestimmte Zigarrengrößen als andere. Zudem ist nicht jede Konstruktionsweise für jede Kopfform geeignet. Man unterscheidet Zigarrenschneider in vier verschiedenen Bauarten:

Kerbschneider oder V-Cutter werden nur noch selten verwendet und eignen sich besonders für breite und flache Zigarrenköpfe. Diese traditionelle Anschnitt-Methode erzeugt eine v-förmige Kerbe und ist auch für Shortfiller gut geeignet. Neuere V-Cutter arbeiten mit einer inversen Klinge, die seitlich in den Zigarrenkopf schneidet. Der Vorteil an einem V-Cutter ist, dass man hier nicht in die Verlegenheit kommt, zu viel abzuscheiden. Der Nachteil ist, dass man immer nur eine Schnittgröße anlegen kann und so keine Korrekturmöglichkeit hat, sollte die Zigarre nicht »gut ziehen« – außer vielleicht den sogenannten *yamel cut,* bei dem das Kopfende zweimal um 90° versetzt angeschnitten wird, wodurch eine sternförmige Öffnung entsteht.

Zigarrenbohrer, Rundcutter oder »Punch« schneiden von oben ein Loch in den Zigarrenkopf – gut geeignet für Zigarren mit flachem Kopf und mittlerer Dicke. Der Cut-Durchmesser lässt sich nicht variieren, und für verschiedene Formate benötigt man ggf. verschiedene Bohrer.

Zigarrenbohrer werden auch »Punch« genannt, da mit der kreisförmigen Klinge von oben in den Kopf gestanzt wird und damit ein Loch entsteht. Der Tabakausschnitt sollte automatisch mit herausgehoben und leicht aus dem Gerät entfernt werden können. Die meisten Modelle besitzen den Vorteil, dass sie als platzsparende Zigarrenschneider am Schlüsselbund oder ins Feuerzeug integriert immer dabei sind.

Viele Einsteiger bevorzugen diese Art des Anschnitts, da man hier im Grunde immer einen sauberen Schnitt bekommt, ohne das Deckblatt zu verletzen. Kritisiert wird gelegentlich die mangelnde

Anpassungsfähigkeit, gerade bei großen Ringmaßen. Zu kleine Öffnungen verführen dazu, sehr stark an einer Zigarre zu ziehen, wodurch der Geschmack oft scharf und etwas bitter wird. Verstärkt wird dieser Effekt noch dadurch, dass der heiße Rauch mitunter über die mittig liegenden und kräftigen Ligero-Blätter gezogen wird. Mittlerweile gibt es allerdings auch Zigarrenbohrer für größere Ringmaße, die dann aber wiederum für kleine Formate ungeeignet sind.

Zigarrencutter mit Flachschnitt werden am häufigsten benutzt. Es gibt sie in zwei Bauarten: *Guillotinen-Modelle* verfügen über eine Klinge, die durch eine kreisförmige Öffnung gleitet. Dadurch wird der Zigarrenkopf auf der gegenüberliegenden Seite der Klinge unter Umständen stärkerem Druck ausgesetzt. Empfehlenswerter sind daher *Modelle mit Doppelklinge* bzw. *Doppel-Guillotine*. Die Klingenform ist oft sichelförmig (Rundklinge), und der Schnitt geht von beiden Seiten gleichzeitig in den Zigarrenkopf. In der Regel entfernt man etwa ein bis zwei Millimeter des Zigarrenkopfes, wobei Kopfform und Ringmaß beachtet werden müssen. Nicht jeder Zigarrenschneider kann jedes Ringmaß bewältigen. Beim Kauf sollte man sich daher überlegen, welches Format man am häufigsten damit schneiden will.

Zigarrenscheren sind – bei entsprechender Qualität – die flexibelsten Alternativen für Flach-Cutter: Sie eignen sich auch für größere Formate und lassen sich bei Bedarf nachschleifen. Die Kraftübertragung lässt sich über die Griffe gut kontrollieren, und die Doppelrundklinge, über welche die meisten Modelle inzwischen verfügen, ermöglicht einen präzisen Cut.

Kein Zigarrenschneider zur Hand? Sollte man dann auf den Genuss einer Zigarre verzichten? Mitnichten. Das Einfachste ist natürlich, nach verwandten Seelen Ausschau zu halten und dort freundlich nach Schneidwerkzeug zu fragen. Aber als Zigarrenraucher ist man per se ein selbstbewusster Mensch und darf auch seine Marotten ausleben – dann aber auch in selbstbewusster Manier. Nach dem Motto: »Ich mache das schon seit Jahren auf diese Weise, und so schmeckt es mir einfach am besten!« Nichtsdestotrotz ist vor allem das Abbeißen einer Zigarre vielerorts absolut verpönt und etwas Höflichkeit hat noch nie geschadet, zumal es mit dem Fingernagel sehr einfach ist.

Gefangen-in-der-Wildniss-Tipp: Der gewiefte Zigarrenraucher im »Survival Modus« benutzt natürlich seine Hände. Man sticht mit dem Fingernagel – etwa dem Daumen – eine kreisrunde Öffnung in die Kappe – ähnlich eines Zigarrenbohrers –, zieht Deck- und Umblatt mit den Fingerspitzen ab, überprüft den Kaltzug und zündet genüsslich an. Falls jemand seltsam guckt: Generationen von kubanischen Tabakbauern machen das seit jeher nicht anders. Sie setzen diese große Tradition nun einfach mit einem Augenzwinkern fort.

Für welche der zahlreichen Anschneide-Varianten Sie sich letztlich entscheiden, ist reine Geschmackssache. Der Rauchverlauf im Mund ist jeweils leicht anders, wobei jeder seine eigenen Vorlieben hat. Festzuhalten bleibt, dass Guillotine und Schere am weitesten verbreitet sind. Sie bieten auch die höchste Flexibilität, was verschiedene Ringmaße angeht, auch wenn beide natürlich Grenzen haben.

Feuer

Zum Anzünden einer Zigarre bietet sich grundsätzlich alles an, was den Geschmack des Tabaks nicht verfälscht. Sie sollten daher die Hände von Benzinfeuerzeugen (z. B. Zippos) lassen; auch Schwefelhölzer sind der Sache nicht zuträglich. Schwefelfreie und extralange Zigarrenstreichhölzer bieten sich hingegen immer an. Durch ihre hohe Brenndauer erlauben sie es, auch besonders dicke Zigarren ordentlich anzuglühen. Ebenso zielführend und zudem sehr stil- und stimmungsvoll sind Späne aus Spanischer Zeder, deren angenehmer Geruch aromatisch mit der Zigarre harmoniert.

Tipp: Zedernspäne sind ganz einfach im Handel zu kaufen (z. B. von Cedrus), aber auch in Zigarrenkisten lassen sich die dünnen Holzplatten finden und zerteilen. Einige wenige Zigarren-Versandhändler nutzen Zedernspäne auch, um gekaufte Ware per »Zigarren Aromapack« zu verschicken. So bekommt man gewissermaßen das Komplett-Set nach Hause.

Grundsätzlich ist jedes beliebige (Wegwerf-)Gasfeuerzeug geeignet, ein spezielles Zigarrenfeuerzeug übertrifft dieses in seiner Wirkung jedoch klar. Die in verschiedenen Ausführungen erhältlichen

Feuerzeug und Gas im Kühlschrank

Modelle arbeiten mit bis zu 2.000 °C heißen *Jetflammen* oder *Torches* (engl. Fackel), die teils sogar paarweise oder im Trio gebündelt werden, um ein schnelles, aber gleichzeitig schonendes Anzünden der Zigarre zu gewährleisten. Sie brennen heißer und sind – gerade bei etwas Wind – zielgerichteter zum Rösten des Fußendes einzusetzen. Die mehrstrahligen Varianten heißen *Double Jetflame* oder *Triple Torch:* Je mehr Düsen, desto größer die Flamme, und desto größer die Brandfläche. Gerade große Ringmaße lassen sich so sehr schnell anzünden. Wer es also beim Anzünden eilig hat, sollte sich ein solches Exemplar einmal ansehen. Bei kleineren Zigarren verkohlt man hier allerdings schnell das Deckblatt am Rand, sodass zumeist einstrahlige Feuerzeuge ausreichend sind. Grundsätzlich sind *Jetflame*-Feuerzeuge aber eine sehr gute Wahl.

Entscheidet man sich für ein Zigarrenfeuerzeug, sollte man auf jeden Fall gefiltertes Butan-Gas verwenden, um die Lebensdauer zu verlängern. Die Preisspanne ist bei den Feuerzeugen jedoch enorm: Von ein paar Euro bis zu dreistelligen Beträgen ist alles dabei, und die Auswahl ist nicht klein. Auch hier hat Qualität ihren Preis. Oft zahlt man aber auch den Markennamen mit, sodass jeder selbst entscheiden muss, was die beste Alternative ist.

Um eine Sache kommt man jedoch bei keiner Preisklasse herum: Gasfeuerzeuge müssen regelmäßig geleert und entlüftet werden, damit sie einwandfrei funktionieren. Kleine Lufteinschlüsse sind beim Nachfüllen vollkommen normal, zu viel Luft im Tank beeinträchtigt allerdings das Zünd- und Brennverhalten. Zündet ein Feuerzeug nicht, obwohl es voll ist, kann es also an einem schlechten Gas-Luft-Gemisch liegen. Eine weitere häufige Quelle für ein fehlerhaftes Zünden ist ein verbogener Zünddraht oder ein am Gerät falsch eingestellter Gasstrom. Beides lässt sich mit etwas Fingerspitzenfühl aber leicht beheben.

Tipp: Wer beim Anzünden auf ein *Jetflame*-Feuerzeug mit Butan-Gas setzt, sollte sein Gas im Kühlschrank lagern und auch das Feuerzeug ca. 30 Minuten vor dem Nachfüllen in den Kühlschrank stellen. Butan dehnt sich bei Wärme aus und ist dichter, wenn es kühl ist. So lässt sich das Feuerzeug besser befüllen – jedenfalls nach Meinung alteingesessener Zigarrendruiden. Das Feuerzeug sollte jedoch in einem verschließbaren Beutel in den Kühlschrank gelegt (Luft vorher herausdrücken) und in diesem auch nach dem Befüllen wieder auf Raumtemperatur gebracht werden. Ansonsten könnte das entstehende Kondensat beim »Auftauen« die Zündfunktion beeinträchtigen. So bildet es sich schwerpunktmäßig an der Außenseite des Beutels.

Etuis

Zigarren, die man unterwegs zu rauchen gedenkt, sollten sicher und ordentlich verpackt werden – die Hosentasche ist ein eher ungeeigneter Lagerort. Da sie normalerweise nur für einen begrenzten Zeitraum in ihrem Transportgefäß verweilen, kann auf eine umfangreiche Klimatisierung wie im Humidor verzichtet werden. Stattdessen findet hier ein nach persönlichem Belieben gewähltes Zigarrenetui Anwendung.

Es gibt zahlreiche Ausführungen aus unterschiedlichen Materialien wie Leder, Holz, Metall oder gar Carbon. Hier ist darauf zu achten, dass es keine Klebereste oder Ähnliches gibt, die schädliche Auswirkungen auf die Zigarren haben könnten. Zudem sollte das Etui keinen Eigengeruch aufweisen, der die empfindlichen Aromen des Tabaks beeinflussen könnte. Hochwertige Leder-, Metall- und Carbon-Etuis haben sich hier als sehr gut erwiesen. Manche Etuis sind zudem mit aromafördernder Spanischer Zeder ausgekleidet. Für längere Strecken gibt es aber auch Reise-Humidore in verschiedenen Größen und Ausführungen.

Tipp: Viele Zigarren gibt es auch in Tuben (z. B. Alu-Tube, Glas-Tube) zu kaufen. Diese sollte man nicht wegwerfen. Gerade wenn man keine großen Mengen an Zigarren verstauen möchte, sind die kleinen Röhren sehr hilfreich. Sie helfen zwar nicht langfristig gegen das Austrocknen, bieten aber einen guten Schutz gegen stumpfe Verletzungen.

Anbaugebiete und Marken

Weltweit existieren für die Tabakindustrie nur wenige Gebiete,
die perfekte Bedingungen für den Anbau bereitstellen. Dort wird
dieser Zweig der Landwirtschaft jedoch umso intensiver betrieben.
Nachfolgend stellen wir die Länder mit den wichtigsten Anbaugebieten und ihren in Deutschland bekanntesten Marken vor. Eine
wichtige Produktion zu besitzen, bedeutet aber nicht zwangsläufig,
dass dort auch der interessanteste Tabak produziert wird. Brasilien
und Kamerun produzieren im Vergleich wenig bis keine Zigarren,
bei der Deckblatt-Produktion liegen beide Länder aber in der Spitzenklasse.

Kuba

Die Insel Kuba steht als Synonym für die Zigarrenkultur, da die
großangelegte Zigarrenproduktion hier ihre Ursprünge hatte. Von
Kuba aus verbreitete sich die Tabakindustrie auch in anderen Ländern, wobei meistens kubanische Auswanderer ihre Finger mit im
Spiel hatten. Vor allem das *Vuelta Abajo* auf Kuba, jenes Anbaugebiet, das für viele den besten Tabak der Welt hervorbringt, wird von
einer Aura des Besonderen begleitet. Der leichte, sandige, braunrot
gefärbte Boden und das warme, regenarme Klima bei hoher Luftfeuchtigkeit bieten ideale Bedingungen für das optimale Gedeihen
der Tabakpflanze. Somit ist wenig erstaunlich, dass gut 70 Prozent
aller kubanischen Tabakprodukte aus dieser Region stammen.

Doch auch außerhalb dieser »Königsplantagen« finden sich auf
Kuba ergiebige Anbaugebiete: vom *Semi Vuelta* im Westen der Insel
über *Partido* und *Remedios* bis hin zum östlich gelegenen *Oriente* – der

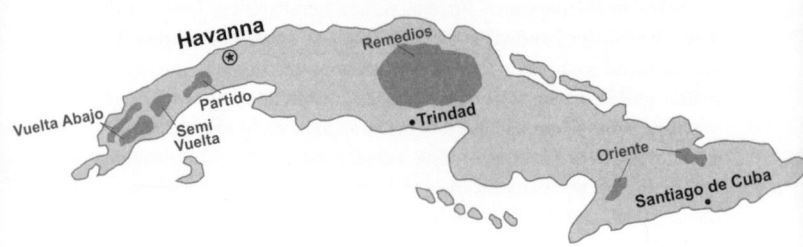

Tabakanbaugebiet

kubanische Boden scheint wie gemacht für den Tabakanbau. Allerdings erreicht nur ein Bruchteil des produzierten Tabaks die Qualität, um ihn für die Habano-Zigarren zu verwenden. Der Rest wird für Shortfiller, Zigarillos und zum Export benutzt.

Kubanische Zigarren, die in Anlehnung an die Hauptstadt, in der viele dieser Schätze gerollt werden, auch *Havannas* oder *Habanos* genannt werden, stehen für erstklassige Qualität und höchsten Zigarrengenuss. Gewährleistet wird dies sowohl durch die kubanische Saat als auch die idealen Klima- und Bodenverhältnisse. Auch andere Länder verwenden zur Produktion ihrer Tabake mittlerweile Habano-Samen, doch macht erst die Kombination von Saatgut, Klima und Erdboden das unnachahmliche Aroma einer kubanischen Zigarre möglich. Der kubanische Tabak gilt im Vergleich zu anderen Anbaugebieten als eher kräftig; einige Marken sind jedoch auch milder und somit eine Empfehlung für den habanophilen Einsteiger. Die Markenvielfalt ist groß, die Charakteristika unterschiedlich und die Zigarren von einfach und schlicht bis wundervoll komplex.

Die berühmten »Vorleser« in den kubanischen Zigarrenfabriken gibt es übrigens wirklich. Der Beruf der *Lectores de Tabaqueria,* so der offizielle Titel, ist seit 2012 sogar nationales Kulturerbe. Seit dem 19. Jahrhundert existiert diese Tradition, die ursprünglich eingeführt wurde, um die kulturelle Bildung der Arbeiter voranzutreiben und natürlich für etwas Unterhaltung zu sorgen. Neben aktuellen Zeitungsberichten werden auch Werke von Hemingway oder Shakespeare vorgelesen. Leider gibt es heute nicht mehr viele *Lectores* – in der berühmten *Laguito*-Fabrik und bei *H. Upmann* sind sie aber noch anzutreffen.

Ein ganz besonderer Tipp für Tabakfreunde ist übrigens das jährlich im Februar stattfindende *Festival del Habano* in der Hauptstadt Havanna. 2014 jährte sich das wohl bekannteste Zigarrenfest der Welt schon zum 16. Mal. Weit über 1.000 Gäste pilgerten dazu nach Kuba, um an Verkostungen, (einigen wenigen) Fabrikbesichtigungen, Seminaren und eleganten Abendveranstaltungen teilzunehmen. Ein kleines Highlight ist dabei die Kür des *Habano-Sommelier des Jahres,* bei dem sich Zigarren-Profis aus aller Welt in Fachwissen und Verkostungsqualitäten messen. Überstrahlt wird alles von der großen Gala, bei der nicht nur die Zigarren-Neuvorstellungen des Jahres präsentiert werden, sondern auch exklusive *Habanos* in spek-

Zigarren der Serie »Cohiba Behike«

takulärem Ambiente in Rauch aufgehen. Auch von Deutschland aus besteht die Möglichkeit, am Festival teilzunehmen: Fragen Sie einfach den Zigarrenhändler Ihres Vertrauens!

Bolivar

Die nach dem südamerikanischen Befreiungskämpfer Simón Bolívar benannte Marke wird auf Kuba produziert. Die Zigarren werden klassisch *totalmente a mano* (komplett handgefertigt) hergestellt und sind in elf verschiedenen Vitolas erhältlich. Die *Bolivar* ist als sehr stark einzuschätzen und geschmacklich von der guten kubanischen Erde geprägt. Anfänger sollten sich nicht gleich dieser Marke zuwenden, sie ist hauptsächlich für erfahrene Raucher geeignet.

Cohiba

Die sagenumwobene *Cohiba* gilt als Königin der Zigarren. Ihre geheimnisvolle Entstehung ist die eine Seite, dass sie erst in den 1980er-Jahren im Ausland verkauft werden durfte, die andere. Das charakteristische Logo der *Cohiba* zeigt den Umriss eines Indianerkopfes auf schwarz-weiß gepunktetem Hintergrund, der mit einem orangefarbenen Streifen gesäumt ist. Ihren einzigartigen, vollmundigen Geschmack erhält sie, indem der verwendete Tabak nach der üblichen doppelten Fermentation für weitere drei Wochen im Eichenfass reift. Das Ergebnis – häufig noch nach dem Originalrezept von 1968 hergestellt – wird allgemein als die beste Zigarre Kubas, wenn nicht gar der Welt bezeichnet. Dies spiegelt sich auch im Preis wider. Neben der klassischen Linie gibt es mit der *Siglo*-Serie eine etwas mildere Variante sowie eine Version mit *Maduro*-Deckblättern.

Zusammen mit der Serie *Cohiba Behike* bildet die *Cohiba* das wohl renommierteste Flaggschiff Kubas und eine der bekanntesten Super-Premium-Zigarren. Im Jahr 2010 wurde die *Behike BHK 52* (steht für ein 52er-Ringmaß) von *Cigar Aficionado* zur Zigarre des Jahres gewählt. Sie punktet mit ordentlicher Stärke und ist – nicht nur wegen ihres Preises – eher für erfahrene Raucher zu empfehlen. Dafür wartet sie allerdings auch mit einem vierten Einlage-Tabak auf. Alles sehr exklusiv! Im Jahr 2013 wurde die Marke um die milderen Zigarillos *Cohiba White* erweitert.

Cuaba

Dieses renommierte Zigarrenmodell wird klassischerweise in der äußerst aufwändigen Figurado-Form angeboten. Ihr aus der Taino-Sprache abgeleiteter Name bezeichnet das leicht brennbare Holz eines bestimmten Strauches, dessen glühende Zweige für religiöse Zeremonien verwendet wurden. Für eine Kubanerin ist die *Cuaba* vergleichsweise sanft in Geschmack und Nikotingehalt, zeichnet sich aber dennoch durch eine markante Würze aus. Charakteristisch ist die Zitronen-Nuance.

El Rey del Mundo

Im Jahr 1882 in der Manufaktur von Antonio Allones ins Leben gerufen, hat sich die Marke schnell Freunde in aller Welt gemacht. Nicht nur wegen ihres verhältnismäßig milden aber würzigen Geschmacks, sondern auch aufgrund des überragenden Qualitätsstandards. Leider gehört die Marke zu den aussterbenden auf Kuba, weshalb sich jeder *Aficionado* noch einen Vorrat anlegen sollte.

Fonseca

Don Fonseca gründete die Marke 1892 im Alter von 23 Jahren und erweiterte damit die Tradition der milderen *Havannas* um eine neue Episode. Diese kleinen Zigarren – leider sind nur noch drei Formate erhältlich – zeichnen sich durch den honig-nussigen Geschmack aus und sind in japanisches Seidenpapier eingewickelt: Schön und sicher.

Guantanamera

Guantanamera sind Shortfiller und damit eher günstige Alltagszigarren. Dennoch sind sie sehr beliebt, denn es kann und muss nicht immer etwas Teures sein. Bekannt sind sie für ihren würzigen Geschmack und die große Formatfülle, sodass für jede Situation etwas dabei ist. Hier gibt es keine Geschichte und keinen Mythos – nur ehrliche Stumpen.

H. Upmann

Hermann Upmann, Sohn einer reichen Bankiersfamilie aus Bremen und begeisterter Zigarrenraucher, hatte 1844 seine eigene Marke gründet, die jedoch 1935 aufgrund von wirtschaftlichen Komplikationen von *Menédendez y Garáa* übernommen und ca. zehn Jahre später in einer neuen Firma produziert wurde. Die Marke ist bis heute legendär. Für eine Zigarre aus kubanischem Tabak ist sie überraschend sanft im Aroma, der zarterdige, leicht ins Bittere gehende Untergeschmack ergänzt das Ganze gekonnt.

Hoyo de Monterrey

Ein spanischer Edelmann namens José Gener ist Gründer dieser Marke, die zu den am breitesten aufgestellten kubanischen Marken zählt. Die *Hoyo Épicure* gehören zu den feinsten *Habanos,* mild und ausgeglichen im Aroma. Die *Hoyo de...*-Serie ist etwas stärker veranlagt, aber genauso Premium wie alle Vitolas dieser Marke.

Juan Lopez

Der Geheimtipp unter den Habano-Marken ist *Juan López,* benannt nach ihrem Gründer Juan López Diáz. Mittelstark, aber vollwürzig, präsentiert sich diese nicht mehr allzu umfangreiche Marke, die in der Fabrik *El Habanero* hergestellt wird.

La Gloria Cubana

Auch wenn die Marke selbst nicht zu den bekanntesten der Insel gehört, ist sie doch eine der ältesten. 1885 gegründet steht sie noch immer für handgefertigte Longfiller von mittlerer Stärke. Viele Formate dieser feinen Puro sind allerdings nicht mehr erhältlich – in Deutschland z. B. nur noch die *Medaille d'Or,* eine *Panetela,* die allerdings mit wunderbaren, fast blumigen Aromen aufwartet.

Montecristo

Die *Montecristo* ist die Legende unter den Havannas und wird selbst von der *Cohiba* kaum in Geschmack und Qualität übertroffen. Ihr Name gründet sich auf den Roman *Der Graf von Monte Christo* (1846) von Alexandre Dumas. Zunächst existierte die *Montecristo* gar nicht als eigenständige Marke, sondern als eine dem berühmten Tabakkonzern H. Upmann untergeordnete Sorte, die von den Zigarrenprofis Alonzo Menéndez und Pepe García zusammengestellt worden war. Erst 1935 entwickelte sie sich zu einer eigenen Marke mit zunehmender Berühmtheit.

Während des englisch-kubanischen Handelsembargos wurde sie mit großem Erfolg vor allem in die USA importiert. Die in sorgfältigster Handarbeit gefertigte Zigarre mit dem Colorado-Claro-Deckblatt und dem einzigartig aromatischen Geschmack erlangte bald einen hervorragenden Ruf, den sie bis heute behalten hat. Als die gängigsten und beliebtesten Formate gelten die *No.4* und die *No.2*. Letztere wurde im Jahr 2013 von *Cigar Aficionado* zur »*Cigar of the Year*« gekürt. Die Marke *Montecristo* überrascht auch immer wieder mit Neuheiten: Seit Mai 2009 ist in Deutschland die *Montecristo Open* verfügbar. Sie ist deutlich milder als ihre Schwestern und öffnet die Marke für Zigarren-Neulinge. Seit 2013 gibt es zudem aromatisierte Zigarillos.

Partagás

Eine kubanische Premium-Zigarre, die bereits um 1843 von ihrem Gründer Don Jaime Partagás Ravelo produziert wurde. Als einzige der heute noch bestehenden Havanna-Marken ist die Fabrik von Partàgas seit der offiziellen Firmengründung 1845 durchgehend in Betrieb. Auf der Pariser Weltausstellung von 1867 gewann die schicke Zigarre eine Goldmedaille. Nach der Geschäftsübernahme durch Ramón Cifuentes 1876 entwickelte sich die *Partàgas* auch in den folgenden Jahrzehnten zu einem regelrechten Modeprodukt. Heute ist sie in ca. 20 unterschiedlichen Formaten erhältlich und für ihren starken Geschmack sowie ihre anfangs leicht spröde Konsistenz bekannt – die sich jedoch im Laufe des Rauchens verflüchtigt. Besonders beliebt wurden die Modelle *Series D No. 4* und *Lusitania*. Insgesamt klassische und hervorragende Zigarren.

Por Larrañaga

Die Gründung dieser Marke – eine der ältesten *Habanos* – durch Ingnacio Larrañaga geht auf das Jahr 1834 zurück. Heute existieren nur noch wenige Formate, die es jedoch in sich haben. Allein die *Monte Carlo,* deren Name den Glamour in sich trägt, den die Marke ausstrahlt, ist als *Long Panetela* mit 157 x 13,1 Millimetern eine Zigarre, die durch Milde und den goldenen Zigarrenring wirklich jeden zu überzeugen vermag.

Punch

Die *Punch* ist die drittälteste der heute noch existierenden Havanna-Marken. Gegründet wurde sie 1840 und war zunächst hauptsächlich für den Export nach England gedacht. Aufgrund ihres verhältnismäßig geringen Preises erlangte sie jedoch auch in anderen Ländern große Popularität. Die *Punch* ist in einer breiten Auswahl von Formaten erhältlich. Besonders die voluminösen Varianten sind für ihren würzigen, vollen und recht kräftigen Geschmack bekannt.

Ramón Allones

1837 gegründet ist die *Ramón Allones* die zweitälteste heute noch gehandelte *Havanna.* Der Gründer und Namensgeber der Marke führte erstmals Etiketten im Vierfarbdruck ein. 1920 wurde die Produktion in die Firma der Partagás verlegt, deren Einfluss sich vor allem durch die fortan korpulente Körperform der Zigarren manifestierte. Ihr kräftiges und geschätztes Aroma blieb hingegen erhalten. Aufgrund ihrer Stärke ist dem Zigarrenanfänger von einer *Ramón Allones* eher abzuraten – für den geübten Raucher hat sie jedoch durchaus ihren Reiz.

Rafael Gonzalez

Marquez Rafael Gonzales war 1928 der Gründungspatron dieser Marke, die ursprünglich nur für den englischen Markt bestimmt war. Auf diese Marke geht das Format *Lonsdale* zurück, eine Auftragsarbeit für den fünften Earl of Lonsdale, Hugh Cecil Lowther.

Milde, Cremigkeit und leichte Karamell-Noten sind typisch für die *Rafael Gonzalez* und machen die wenigen verbliebenen Formate heute zu einem wunderbaren Tipp für Liebhaber der Zigarrenkunst.

Romeo y Julieta

Die 1875 auf Kuba von Alvárez y García gegründete Marke erfreute sich seit der Firmenübernahme durch Rodríguez »Pepin« Fernandez 1903 zunehmender Beliebtheit. Grund dafür waren die bestens ausgeklügelten Marketingstrategien Fernandez', der vor allem für Zigarren bekannt war, die er prominenten Persönlichkeiten widmete. Umstritten ist, ob er auf diese Weise die *Churchill* erfand. Angeblich war der britische Premierminister Winston Churchill so begeistert von der *Vitola Clemenceau,* dass diese kurzerhand nach ihm umbenannt wurde. Heute wird *Romeo y Julieta* in der Partagás-Fabrik hergestellt. Die Marke ist in rund vierzig verschiedenen Formen und Ausführungen im Handel erhältlich. Besonders zu erwähnen sind die Sorten *Churchill, Cedro de Luxe No.1* und *Mille Fleur.* Für ihr angenehm duftig-würziges Aroma ist *Romeo y Julieta* international bekannt. In Deutschland gehören sie zu den meistverkauften *Habanos* und gelten gewissermaßen als klassische kubanische Einsteiger-Zigarren.

Saint Luis Rey

Über diese Habano-Marke sagt man besser nicht allzu viel: Sehr exklusiv, sehr selten und ziemlich unter Druck, denn in den jährlichen »Portfolio-Bereinigungen« der Habanos S. A. tauchen die Formate dieser Marke viel zu oft auf. Der König von Saint Luis, einem Ort im *Vuelta Abajo,* zeichnet für mittelstarke, aromatische Zigarren der Spitzenklasse verantwortlich.

Trinidad

Die *Trinidad* ist eine Art Nachfolgerin der legendären *Cohiba.* Zunächst diente sie nur als Geschenk bei besonderen Staatsanlässen und war offiziell so gut wie nicht im Handel erhältlich – was ihr einen phantomähnlichen Ruf einbrachte. Mittlerweile hat sich dies geändert. Die edle Qualität blieb jedoch erhalten. Im Geschmack ist die *Trinidad* sehr nuancenreich und voll, wenn auch leicht säuerlich.

Vegas Robaina

Diese kubanische Marke ist ein Sonderfall: Erst 1997 ins Programm aufgenommen und eine Reminiszenz an eine der größten Tabakbauernfamilien in der Geschichte Kubas. Don Alejandro Robaina, der die Familie in dritter Generation anführt, war bis zu seinem Tode im Jahr 2010 im Tabakanbau aktiv und einer der meist respektierten Zigarrenfachmänner des Landes. So haben sich die Zigarren in seinem Namen einen Ruf als Premium-Zigarren erarbeitet, die an Komplexität kaum zu überbieten sind.

Interview mit Heinrich Villiger und Christoph A. Puszkar (5th Avenue)

Herr Villiger (s. Bild), Sie sind als Geschäftsführer der 5th Avenue Products Trading GmbH, des Alleinimporteurs von Habanos nach Deutschland, einer der bekanntesten Experten für kubanische Zigarren. Bitte stellen Sie sich unseren Lesern doch kurz vor.

Mein Name ist Heinrich Villiger, geboren am 30. Mai 1930, schweizerischer Staatsangehöriger mit Wohnsitz in der Schweiz, und seit 1958 als Grenzgänger in Deutschland tätig. Ich bin im Jahre 1950 in unser Familienunternehmen eingetreten und seither ununterbrochen in der Tabakbranche tätig. Lehr- und Wanderjahre verbrachte ich in den 1950er-Jahren in den USA, in Lateinamerika, der Türkei und in Europa. Schwerpunkt der Ausbildung war Rohtabak, Einkauf und Mechanisierung der Zigarren- und Zigarillo-Herstellung. Seit 1958 bin ich in leitenden Positionen unserer Gruppe tätig, und seit 1989 Alleininhaber der heutigen Villiger Söhne Holding AG in der Schweiz mit 1.500 Mitarbeitenden. Der Jahresabsatz in 2012 und 2013 betrug je 1,5 Milliarden Zigarren, Zigarillos und Zigarren-Spezialitäten.

Zigarrenfabrikate haben mich während meines ganzen Lebens begleitet. Mit der ersten Zigarre beginnt mein Arbeitstag, und die letzte stecke ich am Abend zu später Stunde noch vor dem Nachhausegehen an. Mein Großvater hatte unser Unternehmen 1888 gegründet, verstarb aber mit 42 Jahren, woraufhin sein Witwe die Firma übernahm. Nach dem Ersten Weltkrieg folgten seine beiden Söhne, in der zweiten Hälfte des letzten Jahrhunderts dann mein Bruder und ich. Deshalb heißt die Firma auch heute noch »Villiger Söhne«.

Ich wurde in diese Branche also hineingeboren, ohne wenn und aber. Ich habe das jedoch nie bereut. Ich habe beinahe alle Zigarrentabak-Anbaugebiete dieser Welt bereist, überall Tabake nicht nur getestet, evaluiert und zu Zigarren gerollt, sondern auch gekauft – Tausende von Ballen. Das ist keine Übertreibung. Die Zigarre gehört als Genussmittel zu unserer Kultur, wie Delikatessen, Wein, ein feiner Obstbrand oder auch ein Hefeweizenbier. Die Gesundheitsfanatiker werden uns das nicht wegnehmen können, »Grusel«-Statistiken hin oder her.

Wie sieht der heutige Arbeitstag eines Unternehmers wie Ihnen aus?

Es ist ein Mix von Aufgaben, Problemen, zu treffenden Entscheidungen von früh bis spät, den Tag beginnend mit der Erledigung und Beantwortung von Dutzenden während der Nacht eingegangenen Mails. Dann folgen die Sitzungen und Gespräche mit den Führungskräften von Operations (Technik), Marketing, Vertrieb, Verwaltung und Finanzen der verschiedenen Firmen der Gruppe. Natürlich nicht alles am gleichen Tag – das zieht sich so über die ganze Woche. Dazu kommt dann – *last but not least* – die »politische« Arbeit in unseren Industrieverbänden. Wir können uns doch nicht »einfach so« von der Gesundheitsindustrie und der Weltgesundheitsorganisation abschlachten lassen.

Davon bekommt der Konsument, unser Genussraucher, in der Regel nicht viel mit – und wenn überhaupt, dann sind es Negativmeldungen über die Ausdehnung von Rauchverboten, Steuererhöhungen, zunehmende Bevormundung des Bürgers usw. Wir nehmen dies nicht ohne Widerstand hin, aber es braucht dazu viel Aufklärungsarbeit. Das Problem ist die Mehrheit der nichtrauchenden Mitmenschen, die Mühe haben, zu verstehen, wie jemandem eine *Havanna* schmecken kann, die 10, 15 oder sogar 20 Euro und mehr kostet.

Das sind die Schattenseiten unseres Jobs, aber sie werden kompensiert durch die Freude an den produktiven Arbeiten unseres »Gewerbes«, vor allem dem Testen und dem Einkauf unserer Tabake in den Ursprungsländern – in einer »anderen« Welt –, dem Kontakt mit den Menschen, deren Lebensinhalt der Tabakanbau ist, ohne den ihre Existenz gefährdet wäre. Weltweit sind dies immerhin 30 Millionen Tabakbauern mit ihren Familien, überwiegend hart arbeitende Männer, die nicht auf Rosen gebettet sind. Aber die große Welt der Zigarre sind nicht die handgerollten rund 400 Millionen Stück per annum, die überwiegend in der Karibik und in Zentralamerika hergestellt werden und die von einer kleinen Schicht von elitären *Aficionados* konsumiert werden. Die große Masse – die Schätzungen liegen bei einem Volumen von weltweit über 20 Milliarden Stück – sind die maschinell hergestellten Zigarren und Zigarillos, die selbstredend sehr viel preiswerter sind: das »Alltagsrauchvergnügen« für Liebhaber, die keinen prall gefüllten Geldbeutel haben. Und das ist auch die Welt unseres Unternehmens, unser tägliches Brot. Und ich rauche auch diese Fabrikate mit Vergnügen, wie z. B. unsere »krummen« *Virginias* oder unsere *Tobajara*-Zigarillos aus 100 Prozent brasilianischen Tabaken.

Was macht eine »gute Zigarre« Ihrer Meinung nach aus?

Geschmack und Aroma von Zigarrenfabrikaten sind nicht messbar. Wir befinden uns in einem nur subjektiv messbaren Bereich. Und wenn zehn gut qualifizierte Raucher Zigarren zur Probe rauchen, kann es durchaus passieren, dass wir auch zehn unterschiedliche Beurteilungen haben. Und das ist auch gut so. Tabak ist ein landwirtschaftliches Produkt, bei dem es exzellente, sehr gute, gute, weniger gute und auch geringe Qualitäten gibt. Und alle wollen geraucht werden. Genauso differenziert und unterschiedlich sind die Qualitäten der vielen Tabak produzierenden Länder. So schmeckt ein Havanna-Tabak eben anders als ein Brasil-, ein Peru-, ein Java- oder ein Malawi-Tabak. Ich habe immer wieder mit zum Teil ausgefallenen Kompositionen experimentiert, und wir haben damit auch Erfolg gehabt.

Wann rauchen Sie welche Zigarren am liebsten?
Es gibt da doch bestimmt Favoriten.

Ich habe keine festen Regeln, wann und wie und wo ich meine Zigarren und Zigarillos genieße. Ich rauche schlicht und einfach, wenn mir »danach« ist, wenn ich Lust habe. Ich wechsle immer wieder gerne die Herkunft, mal eine *Havanna*, eine *Brasil* oder sogar eine *Virginia* – das sind die mit dem herausziehbaren Strohhalm. Eine kleine Zigarre kann auch vor dem Essen schmecken, oder auch um den Hunger und Appetit zu überbrücken, wenn die Zeit für eine Mahlzeit fehlt.

Interessanterweise mache ich auch immer wieder die Erfahrung, dass eine Zigarre in einer Stress-Situation beruhigt, zugleich aber auch bei Ermüdungserscheinungen – ich bin ein Nachtarbeiter – aufmunternd wirkt. Das sind die Auswirkungen des Nikotins. Dass Rauchen nicht gesund ist, wissen wir alle. Das habe ich selbst schon als Kind in unserer »Tabakfamilie« eingetrichtert bekommen. Ich kann also nur empfehlen, Zigarren und Zigarillos – wie auch Alkohol – maßvoll zu genießen und zugleich auf die nichtrauchenden Lebensgefährten Rücksicht zu nehmen. Denn auch wir erheben den Anspruch, ungestört genießen zu dürfen.

Herr Puszkar, wir sind sehr stolz, auch Sie als Gastexperten
*zum Thema Habanos begrüßen zu dürfen. Kuba ist **das** Synonym*
für Zigarren. Für viele stammen dorther einfach die besten Zigarren
der Welt. Was macht den Mythos Kuba aus?

Die Qualität von Zigarren ist nicht in gleichem Maße messbar wie die Qualität maschinell produzierter Industriewaren. Da spielen viele subjektive Bewertungen mit rein, wie bei anderen Genussmitteln auch. Zudem ist Tabak ein pflanzliches Produkt, und wie bei anderen landwirtschaftlichen Erzeugnissen auch, ist nie die gesamt Ernte von Top-Qualität. Da gibt es erhebliche Unterschiede, unabhängig von der »Geografie«.

Aber bleiben wir mal bei den Top-Qualitäten: Da steht für mich Kuba an erster Stelle, gefolgt von Brasilien und dann kommen alle anderen, wie Nicaragua, die Dominikanische Republik, Peru, Honduras, Mexico usw.

Worauf sollten Zigarrenanfänger achten, wenn sie sich an Kuba
»heranrauchen« möchten?

Früher galt, dass Anfänger auf keinen Fall gleich mit *Habanos* beginnen sollten, weil diese grundsätzlich zu stark wären. Das gilt heute nicht mehr. Es gibt *Habanos* mit leichten Tabakmischungen, die sich auch für Anfänger hervorragend eignen. Ich nenne hier nur die Zigarren der Marken *Hoyo de Monterrey, Rafael González, Fonseca* oder die Linie *Open* der Marke *Montecristo.*

Welche kubanischen Zigarren sollte jeder einmal geraucht haben?

Da gibt es sehr viele. Die Vorliebe nach bestimmten Marken oder Formaten wird sicher eine Vorauswahl bestimmen. Absolute Klassiker wie die *Montecristo No.2,* die *Partagás Serie D No.4,* die *Hoyo de Monterrey Epicure No.2,* die *Ramon Allones Specially Selected,* die *Partagás Lusitanias* oder die *Cohiba Siglo VI* gehören aber sicher zu den »must haves« der *Habanos,* die jeder Zigarrenliebhaber versucht haben sollte.

Cohiba ist wahrscheinlich die bekannteste Zigarrenmarke der Welt.
Wie erklären Sie sich diesen Erfolg?

Cohiba hat eine einzigartige und faszinierende Entstehungsgeschichte. Sie war die Marke des nachrevolutionären Kubas, an deren Geburt Fidel Castro höchstpersönlich einen entscheidenden Anteil hatte. Dazu kommt, dass sie viele Jahre nicht käuflich erhältlich war und sich ihr Mythos umso stärker entfalten konnte. Abgesehen davon steht sie bis heute für erstklassige Tabake, die durch eine zusätzliche dritte Fermentation der Einlage-Tabake *Ligero* und *Seco* eine besondere geschmackliche Tiefe erhält. Für die Super-Premium-Linie *Cohiba Behike* verwendet man obendrein noch einen vierten Einlage-Tabak, den *Medio Tiempo.* Auch das ist bislang einzigartig in der Welt der Premium-Zigarren.

Es gibt auch viele kleinere Habanos-Marken, die dem Mainstream
nicht so bekannt sind wie »Cohiba«, »Montecristo« und »Romeo y
Julieta«. Was zeichnet diese Marken aus?

Diese Marken runden das breite Sortiment der *Habanos* ab und besitzen oft bestimmte Besonderheiten. Zum Beispiel steht die Marke *Cuaba* für Doppel-Figurado-Formate, die seit den 1930er-Jahren nahezu verschwunden waren. Im Jahr 1996 hob *Habanos* diese neue Marke dann für Connaisseurs aus der Taufe, die solche klassischen Formate genießen wollten. Unter diesen weniger beachteten Marken gibt es auf jeden Fall viele interessante Formate, die den Versuch lohnen. Wir haben deshalb bei unserem Habanos-Specialist-Konzept darauf geachtet, dass in diesen Geschäften auch einige der selteneren Marken ihren Platz haben.

Was ist Ihrer Meinung nach die Besonderheit des Anbaugebietes?
Sind es die Böden? Der Tabak? Die Verarbeitung?

Wie bei landwirtschaftlichen Produkten häufig, ist es die Kombination der Böden, des Mikroklimas, des verwendeten Saatguts und natürlich des in Jahrhunderten angesammelten Wissens der Beschäftigten in der Tabakindustrie. Selbst in Kuba gibt es nur ganz bestimmte Regionen, die solche einzigartigen Tabake hervorbringen. Sie sind übrigens inzwischen alle als Herkunftsbezeichnungen gesetzlich geschützt.

Was ist denn das »typische« Geschmacksprofil einer
kubanischen Zigarre, wenn es so etwas denn gibt?

Die *Habanos* zeichnen sich durch eine schwer zu beschreibende Typik der Aromen aus. Ich halte nicht viel von blumigen Beschreibungen. Aber jeder Zigarrengenießer erkennt sehr schnell, was diese Zigarren so unverwechselbar macht. Es ist ja kein Zufall, dass überall in der Welt versucht wird, die *Habanos* zu kopieren.

Kubanische Zigarren sind durchweg Puros. Warum gibt es auf Kuba
keine Versuche mit Blends aus anderen Anbaugebieten?

Ist diese Frage wirklich ernst gemeint? Warum sollte man das tun? Wenn man schon über die besten Zigarrentabake verfügt, hat es natürlich keinen Sinn, die Mischungen zu verwässern. Die *Habano* ist eine Puro und das wird auch so bleiben.

*Immer wieder tauchen kritische Stimmen auf, die von Verarbeitungs-
mängeln bei kubanischen Zigarren und nicht ausfermentierten Tabaken
berichten. Böse Gerüchte oder ist da etwas Wahres daran?*

Es gab um die Jahrtausendwende mal Probleme, als man versucht
hat, von jetzt auf gleich die gewaltige Nachfrage nach den *Habanos*
zu bedienen. Seit dieser Zeit ist in Kuba allerdings viel passiert. In
jeder Fabrik finden sie heute Messgeräte, mit denen man den Zugwiderstand der Zigarren überprüft. Aber natürlich sind die *Habanos* bis
heute vollständig von Hand gefertigte Naturprodukte und gewisse
Schwankungen kommen deshalb vor. Oft resultieren vermeintliche
Qualitätsprobleme allerdings auch aus unsachgemäßer Lagerung.
Das stellen wir in unserem Lager bei Kundenreklamationen immer
wieder fest. Wenn Zigarren zum Beispiel zu feucht oder zu trocken
gelagert werden, dann verändert sich der Zugwiderstand erheblich.
Das wird oft vergessen.

*Das Thema »Aging« spielt bei kubanischen Zigarren eine große Rolle.
Was ist Ihre Meinung dazu? Sollten alle gekauften Habanos zum
Nachreifen gelagert werden? Wenn ja, wie mache ich das am besten?*

Man kann sagen, dass sich die Aromen von reifegelagerten *Habanos*
verfeinern. Sie sind deshalb ein besonderer Genuss. Trotzdem muss
man natürlich nicht alle Zigarren erst für Jahre einlagern. Das würde
wohl auch kaum jemand schaffen. Zum Thema Reifelagerung gibt es
viele Ansichten: Eine wichtige Rolle spielt dabei, wie lange man welche Zigarren (leichtere oder kräftigere Mischung) in welcher Verpackung (normale Kisten, Kabinettkisten, Jars etc.) lagern möchte.
Zudem ist das Reifungspotenzial der Zigarren unterschiedlich: Einige
Zigarren sind nach drei Jahren schon ausgereift, andere können mehr
als 15 oder 20 Jahre lagern und gewinnen immer noch. Es gibt dazu
inzwischen einige Literatur; auch in Fachzeitschriften oder im Internet finden sich interessante Beiträge. Auf jeden Fall hat es keinen
Sinn, verschiedene Zigarren, bunt gemischt, in einem kleinen Tisch-
Humidor zu lagern. Die Zigarren sollten kistenweise, verschlossen
und in der Originalverpackung in einem Humidor entsprechender
Größe mit elektronisch geregeltem Befeuchtungssystem lagern. Perfekt ist es, wenn auch die Temperatur nicht stark schwankt.

Holen andere Anbaugebiete langsam auf? Aus Nicaragua stammt
mittlerweile auch sehr guter und kräftiger Tabak. Wie beurteilen Sie
diese Entwicklung, auch im Hinblick auf die Habanos?

Natürlich haben auch andere Mütter schöne Töchter. In vielen Tabak anbauenden Ländern gibt es inzwischen gute Qualitäten und angenehm zu rauchende Zigarren. Aber eine *Habano* bleibt trotzdem eine *Habano*.

Was passiert, wenn in den USA irgendwann das Embargo
gegen Kuba fällt? Bleiben dann die deutschen Kunden auf der Strecke,
weil der Großteil der Produktion nach Amerika geht?

Nach meiner Kenntnis hat Habanos S. A. dieses Thema schon seit Längerem im Auge. Es wird möglicherweise kurzzeitige Engpässe geben, bis man in Kuba auch den Bedarf der USA wird decken können. Entsprechende Vorbereitungen sind dafür aber bereits im Gange.

Es gibt ja einige »Ediciones Regionales« unter den limitierten
Editionen bei Habanos. Worin liegen die Unterschiede?
Wie wird entschieden, in welchem Land welche »Limitada«
mit welchen Tabaken angeboten wird?

Über die *Habanos* der *Ediciones Regionales* entscheiden die einzelnen Importeure. Die Nachfrage nach bestimmten Marken, Formaten und Ausstattungen spielt dabei eine wichtige Rolle. Als Importeur hat man mit diesem Konzept die Möglichkeit, auf aktuelle und regionale Entwicklungen zu reagieren. Da inzwischen eine Mindestauflage von 50.000 Stück abzunehmen ist, bestellen natürlich überwiegend die größeren Importeure und Märkte solche Zigarren. Für die Fertigung verwendet man in Kuba jene Tabake, die der üblichen Mischung der jeweils ausgewählten Marke entsprechen, und passt sie entsprechend des Formats an.

Wir danken vielmals für Ihre wertvolle Zeit!

Dominikanische Republik

Einer der größten wirtschaftlichen Wachstumsfaktoren neben dem Tourismus ist die Zigarrenindustrie des Landes. Die Zigarrenproduktion und der Anbau von Tabak gehören somit zu den wenigen lukrativen Wirtschaftszweigen des Staates. Zusätzlich wird die Zigarrenherstellung und ihr Export durch das US-Embargo gegen Kuba begünstigt. Auf dem amerikanischen Markt herrscht eine enorm große Nachfrage nach Premium-Zigarren. Da die Dominikanische Republik ähnlich gute klimatische Verhältnisse aufweist wie Kuba, konnte sich hier die größte Produktion von Premium-Zigarren der Welt entwickeln. In etwas übertriebener Manier heißt es, dass in den Anbaugebieten der Dominikanischen Republik fast jeder Hinterhof eine Zigarrenmanufaktur beherbergt. Insgesamt werden rund 400 verschiedene Premium-Marken in der Dominikanischen Republik hergestellt, unter denen sich ca. 100 wirkliche Top-Marken befinden.

Die Zigarrenproduktion auf der karibischen Insel begann Anfang des letzten Jahrhunderts, angestoßen durch Exil-Kubaner, die mit kubanischem Saatgut in der Dominikanischen Republik Tabak anzubauen begannen. Unter ihnen waren namhafte Persönlichkeiten der Zigarrenwelt wie Fuente, León, Menendez oder Quesada. Zu Beginn wurden nur Einlage-Tabake hergestellt und Umlage-Tabake aus Brasilien, Ecuador, Honduras und Mexiko verwandt. Für die Deckblätter bediente man sich in Connecticut und Kamerun. Mittlerweile werden jedoch auch hier hervorragende Deckblatt-Tabake angebaut. Die besten Felder für den Anbau liegen im *Valle del Cibao* im Nordwesten des Landes, etwas außerhalb von Santiago de los Caballeros. Hier scheint durchgehend die Sonne und der Boden ist besonders fruchtbar, da sich der Fluss *Yaque del Norte* vom Westen des Landes bis hin zur zentral gelegenen Stadt La Vega erstreckt. Weitere erstklassige Anbaugebiete sind *Moca, La Vega* und *Banao,* die ebenfalls alle in der Nähe des Flusses angesiedelt sind.

Zentrum der eigentlichen Produktion ist die Provinzhauptstadt Santiago de los Caballeros sowie La Romana. Die Zigarren aus der Dominikanischen Republik zeichnen sich in der Regel eher durch eine milde bis mittlere Stärke und ausgeprägte Aromen aus.

Yaquetal

Santiago

● Moca

┌ La Vega

Yaque del Norte

● Bonao

**Santo
Domingo** ✪

⬢ Tabakanbaugebiet

Die Dominikanische Republik hat übrigens auch ein Zigarrenfestival, das sich stetig wachsender Beliebtheit erfreut: das *Procigar*. Seit 2008 treffen sich die Branchengrößen der Insel in Santiago, um den dominikanischen Zigarren zu huldigen. Im Gegensatz zum *Festival del Habano* auf Kuba darf man die allermeisten Fabriken hier auch selbst besichtigen.

Aging Room

Die seltenen Tabake, die bei den *Aging Rooms* verarbeitet werden, machen sie zu einem mehrfach prämierten Höhepunkt karibischer Zigarren. An einem Montag im Dezember 2008 – genauer gesagt, war dieser Montag der 356. Tag des Jahres – beschloss Rafael Nodal, die Marke *Aging Room* ins Leben zu rufen. Der Grund war folgender: In den Lagerhallen wurden einige exzellente Kontingente an Tabaken gelagert, die – ursprünglich für andere Linien entwickelt – nicht die nötigen Mengen hervorbringen konnten. Daher entschied man sich, die nun hervorragend gereiften Tabake zu einer kleinen, aber feinen Serie zu verarbeiten. Nur drei Jahre später wurde die *Aging Room M356* auf dem Kongress der IPCPR (International Premium Cigar & Pipe Retailers Association) vorgestellt. Ihr Erfolg ist beeindruckend: Sie wurde nicht nur mit einer selten 94er-Wertung des Fachmagazins *Cigar Aficionado* bedacht, sondern auch gleich unter die Top 25 der Vereinigten Staaten gewählt.

Ambiente

Der Hersteller der *Ambiente* hat seine Anbaugebiete im Cibao-Tal, welches als eine der besten Gegenden der Dominikanischen Republik gilt. Die Pflanzen finden dort optimale Wachstumsbedingungen. Die Zigarren der Marke *Ambiente* bieten einen ungewöhnlichen Gegensatz: Eines der beliebtesten Formate ist die *Presidente* im Churchill-Format. Geschmacklich punktet die Zigarre mit einer sehr erdigen und holzigen Note, die mit einer genussvollen Süße einhergeht. Darüber hinaus schmeckt man Elemente von frischem Gras, die das Geschmackserlebnis perfektionieren.

Antonius

Die Zigarrenmarke *Antonius* ist ein gutes Beispiel für die Fortführung europäischer Zigarrentradition mit neuen Ansätzen und hohem Qualitätsanspruch. Der Gründer der Marke, Maurice Antonius Koks, stammt aus den Niederlanden und wuchs in einer Familie von Zigarrenrollern auf. Diese Leidenschaft brachte ihn in die Dominikanische Republik, wo aromatische und qualitativ hochwertige Tabake angebaut werden. Mit einem Schuss junger Wildheit kreierte Koks die Marke *Antonius,* die kleine Serien vollmundiger, komplexer Zigarren bietet.

Im niederländischen 's-Hertogenbosch rollte Antonius »Toon« Koks schon vor der Geburt seines Enkels Maurice Zigarren in Handarbeit. Zu Beginn der Jahrtausendwende entschied sich Maurice Koks, in die Fußstapfen des Großvaters zu treten, aber auf zeitgemäße Weise. Die *Antonius*-Zigarren halten den Namen und die Tradition von Koks' Großvater in Ehren.

Maurice Koks lässt eher kleine Serien produzieren und achtet dabei auf kompromisslose Qualität. Die Aromen-Vielfalt der *Antonius* ist ohne Zweifel ein gelungenes Experiment der »jungen wilden« Zigarren aus der Dominikanischen Republik.

Arturo Fuente

Die Zigarren der Marke *Arturo Fuente* werden seit über 100 Jahren per Hand hergestellt. Das Familienunternehmen musste zwar einige Rückschläge einstecken, konnte sich aber immer wieder behaupten und ist inzwischen eine der weltweit bekanntesten Marken für Luxuszigarren.

Der kubanische Immigrant Arturo Fuente gründete 1912 seine Firma A. Fuente & Co. in West Tampa, Florida. Er war damals 24 Jahre alt und importierte kubanischen Tabak, den er zu hochwertigen Zigarren verarbeitete. 1924 hatte Fuente bereits 500 Angestellte, die in Handarbeit Zigarren für seine Firma rollten.

Heute ist Fuente einer der größten Produzenten der Insel. Das neue Werk wurde in Santiago in der Dominikanischen Republik erbaut, wo es noch heute besteht. Seitdem werden in der Marke *Arturo Fuente* auch eigene Tabake verarbeitet, vor allem für die hochwertigen Deckblätter, die die Fuentes der Legende nach als Erste auf dieser Insel anbauen konnten. Gegenwärtig produziert das Unternehmen von Carlos Fuente Senior und Carlos »Carlito« Fuente Junior weit mehr als 30 Millionen Zigarren pro Jahr und gehört zu den renommiertesten Zigarrenmarken, die nach wie vor alles in Handarbeit herstellen.

Ashton

Der Name *Ashton* steht für feinste Premium-Zigarren, die der Tabak-Fachhändler Robert Levin aus Philadelphia mit der Fuente-Familie aus der Dominikanischen Republik produzierte. Diese Zigarren zählten schon bald nach ihrer Markteinführung im Jahre 1985 zu einem weltweiten Verkaufsschlager. Gründe dafür sind die verlässlich hohe Qualität, das ausgewogene Aroma, das einen großen Kreis der Zigarrenfreunde anspricht, sowie das überzeugende Preis-Leistungsverhältnis. Neben der milden *Classic Serie* haben sich vor allem die *Virgin Sun Grown* (VSG) und die *Estate Sun Grown* (ESG) sowohl mit ihrer fantasievollen Namensgebung als auch mit den durchaus beachtlichen Stärkegraden hervorgetan. In jüngerer Vergangenheit haben dazu nicaraguanische Marken wie *Paradiso* (in den USA *San Cristobal)* und *La Aroma del Caribe* (in den USA *La Aroma de Cuba)* – in Co-Produktion mit der Garcia-Familie in Estelí entstanden – das *Ashton*-Portfolio erfolgreich erweitert.

Avo

Der Gründer der nach ihm benannten Zigarren, Avo Uvezian, wurde 1926 im libanesischen Beirut geboren. Als Sohn einer Sängerin und eines Komponisten wurde er Jazz-Pianist, der mit seiner Band »The Lebanon Boys« durch die Hotels der persischen und arabischen Länder tourte. Dabei wurde Mohamma Reza Schah, der letzte Schah von Persien, auf ihn aufmerksam, holte ihn sogleich als Pianisten an seinen Hof und lernte von ihm »Jitterbug« zu tanzen. Mit seiner Hilfe konnte Avo Uvezian 1947 in die Vereinigten Staaten ausreisen.

Dort schrieb er einige Melodien und komponierte unter anderem die Vorlage für Sinatras Hit »Strangers in the Night«. Auf einer

Feier lernte er den Genuss von Zigarren kennen und fasste den Entschluss, selbst in das Geschäft einzusteigen. Nach frühen Erfolgen wurde man im Hause Davidoff auf ihn aufmerksam. In Hendrik Kelner fand Uvezian einen geeigneten Geschäftspartner für seine Zigarrenleidenschaft. In Anbetracht seiner beeindruckenden Lebensgeschichte ist der Erfolg seiner *Avo,* für deren US-amerikanischen Vertrieb Davidoff 1995 wohl glatte 10 Millionen US-Dollar bezahlte, nur der folgerichtige I-Punkt auf einer spannenden Karriere. Der Tabak für die *Avo* stammt aus dem Cibao-Tal in der Dominikanischen Republik.

Avo Uvezian – We Smoke Berlin!

Bock y Ca

Die einstige kubanische Marke ist seit 1998 auch wieder auf dem Weltmarkt vertreten und hat eine wunderbare Vorgeschichte mit der genialen Erfindung des Niederländers Bock: dem Zigarrenring. Mit diesem ästhetischen Accessoire verschafften sich diese Premium-Zigarren ein absolut unverwechselbares Erkennungsmerkmal und mehrten so den guten Ruf von *Bock y Ca*. Um die Jahrhundertwende galt Gustav Bock als einer der ganz großen Schwergewichte im kubanischen Zigarrenmarkt und kontrollierte durch seine Anteile an den jeweiligen Firmen beinahe die gesamte Produktion. Mit seinem Tod im Jahr 1910 geriet die Marke etwas ins Hintertreffen. Seit Ende der 1990er-Jahre ist sie jedoch wiederbelebt und wird seither unter diesem traditionsreichen Namen in der Dominikanischen Republik gefertigt.

Balmoral Cigars

Die bereits im Jahre 1895 gegründete holländische Tabak-Fabrik bietet dem *Aficionado* mit seinen Premium-Zigarren ebenso viele Gründe zum Kauf, wie den Liebhabern eines Zigarillos oder aromatischer Shortfiller-Varianten mit Sumatra-Tabaken. Gepaart mit der langen Tradition des Hauses, den exzellenten Anbauregionen sowie einer einwandfreien Fertigung, lassen diese Zigarren jede Kritik bereits im Keim ersticken und finden vollkommen zu Recht ihren begeisterten Kundenkreis – und das zu einem kleinen Preis. Besonders die im Jahre 2013 eingeführte Serie *Añejo 18*, die ein 18 Jahre lang gereiftes Deckblatt schmückt, ist auch in Deutschland ein Volltreffer.

Blanco

Eine Eigenmarke des deutschen Importeurs Kohlhase & Kopp. Die Zigarren werden in der Dominikanischen Republik hergestellt und stellen eine günstige Alternative für den Einsteiger dar. Sie sind qualitativ hochwertig verarbeitet und besitzen eine breite Palette an Formaten. Sie ist die einzige, dauerhaft in Deutschland erhältliche *Candela*-Zigarre. Das grüne Deckblatt wird durch eine schnellere

Trocknung erreicht, in der das Chlorophyll erhalten bleibt. Einfache Kisten und einfache Zigarrenringe kennzeichnen die Marke, die nicht mehr sein will, als sie ist.

Bossner

Die Zigarren der Marke *Bossner* gehören zu den interessanten Aufsteigern innerhalb der Tabak-Szene. Mit der dominikanischen *Bossner*-Edition ist dem sibirischen Geschäftsmann Konstantin Bossner ein weiterer Glanzpunkt in seiner unternehmerischen Karriere gelungen. Eine Marke, die nicht nur mit ihren vielfältigen Formaten zu überzeugen weiß, sondern auch Schokolade, Cognac, Kaffee und Wein beinhaltet. Konstantin Bossner ist in alle Bereiche der Produktion und des Vertriebs involviert. So soll er die Zigarren zusammen mit seinen Mitarbeitern kreieren – immer auf der Suche nach der noch etwas besseren Auswahl und Fertigung: »Ich habe viele Zigarren kreiert. Welche von ihnen ist die Beste? Es gibt sie noch nicht, sie wurde noch nicht erfunden.« Er bietet neben der dominikanischen Produktion auch Zigarren aus Nicaragua an – und hat sogar *koschere Zigarren* im Sortiment.

Bundle Selection

Die Marke *Bundle Selection* steht für hochwertig gearbeitete Zigarren zum günstigen Preis. Die aus der Dominikanischen Republik stammenden Longfiller werden in einer Tochterfabrik der TABADOM in Villa González hergestellt. TABADOM stellt beispielsweise Zigarren für *Davidoff*, *Griffin's* und *Avo* her, die für ihre gute Qualität bekannt sind. Leiter beider Unternehmen ist Hendrik Kelner, einer der bekanntesten und erfolgreichsten Zigarrenproduzenten weltweit. Seine hohen Qualitätsansprüche gelten auch für die *Bundle Selection* aus Villa González. Während für die Serie *Bundle Selection Dominikanische Republik* ausschließlich lokaler Tabak verwendet wird, kommen bei der Serie *Bundle Selection Honduras* auch Tabake aus Honduras und Nicaragua für die Einlage zum Einsatz.

Casa de Garcia

Das Sortiment der *Casa de Garcia* verfügt über einige äußerst klassische Formate, die sich nach wie vor großer Beliebtheit auf der Welt erfreuen. Die Einlage der Marke besteht dabei aus einer Mischung von dominikanischen und honduranischen Tabaken, die insgesamt eine eher milde Grundrichtung der Zigarren vorgeben und sich durch eine exquisite Fermentierung auszeichnen. Das Umblatt bildet ein Connecticut Broadleaf, während das Deckblatt aus einem Connecticut Shade gefertigt wird, also aus einem besonders hellen, da im Schatten gewachsenen Blatt. Diese Blätter versorgen die Zigarre mit einem süßlichen, an Karamell erinnernden Charakter und runden somit die milde Erscheinung der *Casa de Garcia* ab. Das derzeitige Angebot hält sechs verschiedene Vitolas für den Kunden bereit, die allesamt auch im Bundle geordert werden können und damit für einen vorteilhaften Preis sorgen. Auffällig ist dabei die Fokussierung auf die breiteren Ringmaße.

Cuesta Rey

Zigarren der Marke *Cuesta Rey* gehören zum Premium-Bereich in der Welt des Rauchgenusses. Die Marke wurde im Jahr 1884 gegründet und zählt somit zu den ältesten Zigarrenmarken der Vereinigten Staaten. Die beiden Gründer, Angel LaMadrid Cuesta und Peregrino Rey, taten sich zusammen und eröffneten in Tampa, Florida eine Manufaktur, die nur *Clear Havannas* herstellte. Damit sind Zigarren gemeint, die in den USA aus importiertem kubanischem Tabak hergestellt werden. Das Handwerk hatte der gebürtige Spanier Cuesta zuvor auf Kuba erlernt. 1958 verkaufte dessen Sohn, Carl Cuesta, das Unternehmen an J. C. Newman. Der Hersteller produziert seither anerkannte Spitzenware und exportiert diese in die ganze Welt. Heute werden die Longfiller ganz und gar von Hand in der berühmten Arturo-Fuente-Manufaktur in der Dominikanischen Republik hergestellt. Die Kombination aus leichtem, mildem, geradezu cremigem Geschmack und gehaltvollem, hochfeinem Rauch garantiert dem Zigarrenfreund ein besonders rundes Genusserlebnis. Die feinen Aromen von Nuss, Zedernholz und Kaffee werden zu einem einzigartigen Dufterlebnis verwoben. Dieser besondere Zigarrengenuss ist einen Ausflug in die etwas höheren Preisregionen der Zigarrenwelt allemal wert.

Dalay

Hier hat Salih M. Dalay seine Finger im Spiel. Der in Saarbrücken beheimatete Zigarrenhändler hat sich über die Jahre zu einem Experten der Zigarrenkunst entwickelt und importiert seitdem Zigarren aus der Dominikanischen Republik. Mit den eigenbenannten Zigarren rollt er seit wenigen Jahren den Markt auf, denn die Zigarren mit den teilweise ungewöhnlichen Formen aus der dominikanischen Fabrik von John Sinclair sind vergleichsweise günstig. Ob Maduro- oder Claro-Deckblatt, die Mischungen aus *Piloto Cubano, Criollo, Viso* und *Mata Fina* sind ausgewogen und aromatisch.

Davidoff

Vor über 100 Jahren eröffnete Henri Davidoff einen Tabakladen in Genf, nachdem seine Familie aus Kiew fliehen musste. Seitdem liest sich die Familiengeschichte der Davidoffs wie ein spannender Krimi aus der Welt der Tabakhändler und Fabrikanten. Sein Sohn, Zino Davidoff, reiste durch Mittelamerika und Kuba und knüpfte dort wertvolle Kontakte zu Tabakbauern. Nach seiner Reise entwickelte er den Humidor, um die mitgebrachte Ware perfekt lagern zu können. Die ersten von ihm kreierten Zigarren trugen die Namen von edlen Weingütern, was die Exklusivität und Hochwertigkeit der Produkte unterstreichen sollte.

1970 fusionierte Zino Davidoff mit Oettinger: Die Davidoff Oettinger Group war geboren und steht seither für die Produktion von Qualitätszigarren. Die meistverkaufte Marke des Konzerns ist nach wie vor *Davidoff.* Nach einem Eklat im Jahr 1990, bei dem kubanische Zigarren im Wert von drei Millionen Dollar verbrannt wurden, produziert die Marke in der Dominikanischen Republik, dem Land, in dem besonders edle und milde Tabaksorten gedeihen und nach traditionellen Verfahren meisterhaft veredelt werden.

Davidoff Cigarillos werden mit den besten Tabaken aus Indonesien, Brasilien und der Karibik hergestellt. Von allem nur das Beste: Diese Philosophie ist fest verbunden mit dem großen und bei uns sehr populären Namen Davidoff. Selbstverständlich gilt dies auch für die kleinen Schwestern der Zigarre, die Zigarillos. Meisterhaft komponierte Tabakmischungen garantieren auch bei diesen kleinen Formaten ein großes Aroma und einen sehr individuellen Geschmack. Sie werden zu 100 Prozent aus edlen Tabakblättern hergestellt. Sowohl Einlage als auch Um- und Deckblatt der *Cigarillos* bestehen ausschließlich aus natürlichen Tabaken. Diese Kombination ergibt einen sehr ausgeglichenen und harmonischen Zigarillo mit einzigartigem Geschmack und besten Raucheigenschaften. Im Jahr 2013 erweiterte Davidoff sein Portfolio sehr erfolgreich um die *Davidoff Nicaragua*, die erstmals Tabake aus dem mittelamerikanischen Land enthält.

Domenico

Mit einer Zigarre aus dem Hause *Domenico* besitzt man eine der besseren Bundle-Zigarren, die in der Dominikanischen Republik hergestellt werden. Abhängig vom verwendeten Deckblatt verfügt das Sortiment über milde bis mittelkräftige Varianten und bietet somit ein umfangreiches Angebot für den *Aficionado*. Die milden Zigarren und Zigarillos von Domenico werden in unterschiedlichen Formaten und zum Teil auch aromatisiert angeboten. Die in Deutschland erhältliche Linie mit ihrem Connecticut-Deckblatt liefert dem Raucher eine solide und vor allem milde handgefertigte Longfiller-Zigarre, die einen guten Einstieg für den angehenden *Aficionado* bietet.

Dominican Estate

Die gute und namenhafte Qualität, die Milde sowie der ausgezeichnete Preis machen die *Dominican Estate* zu einer äußerst beliebten Marke für Zigarren-Einsteiger. Hergestellt werden Sie in der *Tabacalera de Garcia*, die besonders stark vom Zigarren-Boom der 1990er-Jahre erfasst wurde. Einer der Hauptverantwortlichen des Tabakimperiums ist José Seijas, ehemaliger Vizepräsident der Altadis USA und Geschäftsführer von *Tabacalera de Garcia*. Zu seinen großen Erfolgen gehören die für den amerikanischen Markt gefertigten *Montecristo* und *Romeo y Julieta* aus der Dominikanischen Republik, aber auch die *Vega Fina*, welche auf dem spanischen Markt besonders gefragt ist.

Die Zusammensetzung der Zigarren besteht aus Tabak der verschiedensten Länder. Die Einlage wird aus dominikanischen und kolumbianischen Tabaken gefertigt. Als Umblatt wird ein dunkles Connecticut-Broadleaf genutzt, also ein in der Sonne gereifter Tabak. Abgerundet werden die Zigarren von einem Connecticut-Shade-Deckblatt. Auf diese Weise entsteht ein cremiger Geschmack, der leichte Noten von schokoladiger Süße aufweist. Insgesamt sind die Formate der *Dominican Estate* milde Zigarren.

Don Diego

Zigarren der Marke *Don Diego* werden in der Dominikanischen Republik von Hand gerollt. Ihren Ursprung haben sie allerdings auf den Kanarischen Inseln, wo sie in den 1960er-Jahren vom Exil-Kubaner Pepe Garcia entwickelt wurden. Die Marke gehört inzwischen zum großen französisch-spanischen Tabak-Konzern Altadis. *Don Diego*-Zigarren gelten als erstklassig gerollt, mild bis maximal mittelstark, ausgewogen und vollmundig. Ihr pfeffrig-nussiger Geschmack macht sie unverwechselbar. Sie bestehen aus einem hellgoldenen, erstklassigen Connecticut-Shade-Deckblatt, das ein dominikanisches Umblatt aus Kuba-Saat umhüllt. Innen liegt eine spezielle Komposition aus dominikanischen Longfiller-Einlagen. Eine der klassischen Einsteiger-Zigarren überhaupt.

Don Sebastian

Die rundum von Hand gefertigten Zigarren von *Don Sebastian* aus der Dominikanischen Republik verdanken ihren Namen dem spanischen Seefahrer Don Juan Sebastián del Cano. Er war der erste Europäer, dem im Jahre 1519 die Weltumsegelung gelang, indem er die von Ferdinand Magellan begonnene Expedition mit dessen Mannschaft erfolgreich zu Ende führte. Nach dem Tod Magellans auf den Philippinen wurde Del Cano Kapitän der letzten beiden verbliebenen Schiffe und erreichte schließlich – mit einem Schiff und 17 Überlebenden Mannschaftskameraden – am 6. September 1522 den spanischen Heimathafen Sanlúcar de Barrameda. *Don Sebastian* gedenkt diesem großen Seefahrer, der zum Sinnbild für Mut und Ausdauer geworden ist. Die aromatische Vielfalt dieser Dominikanerin erstreckt sich von nussiger Milde über Erde bis hin zu Zedernholz. Unter diese Geschmacksvielfalt mischt sich zeitweise eine feine Süße, die den Genuss perfekt abrundet.

Dunhill Aged Cigars

Seit über 100 Jahren werden unter der Marke *Dunhill* Spitzentabake ohne Zusätze verarbeitet. 1907 eröffnete Alfred Dunhill Senior in London ein Tabakgeschäft und stellte bald darauf Tabakpfeifen her, die er unter seinem Namen verkaufte. Eine echte Innovation war 1927 das erste einhändig bedienbare Feuerzeug *Dunhill Unique*. Dunhills Buch *The Gentle Art of Smoking,* das 1954 erschien, ist bis heute ein maßgebendes Werk über den Tabakkonsum. Neben Tabakerzeugnissen und Pfeifen brachte das inzwischen international agierende Unternehmen Pflegeprodukte und Parfüms für Herren in die Läden. Seit 1988 gehört die Marke *Dunhill* zur schweizerischen Richemont Holding. Die Luxusmarke für den britischen Mann umfasst u. a. Mode, Lederprodukte, Uhren und Düfte. Das Tabakgeschäft von *Dunhill* mit Zigarren, Zigaretten und Pfeifentabak wurde 1967 an British American Tobacco verkauft und wird dort bis heute unter dem bekannten Namen fortgeführt. *Dunhill Aged Cigars* werden in der Dominikanischen Republik hergestellt.

Die Tabake für *Dunhill Aged Cigars* reifen vor der Verarbeitung zwei bis drei Jahre. Charakteristisch sind die strikte Mischung von Tabaken eines Jahrgangs und die einjährige Reifezeit der handgefertigten Zigarren. Sie enthalten jeweils eine Einlage aus kräftigem Piloto und süßerem, vollerem Olor. Das würzige Umblatt stammt aus Nicaragua, das Deckblatt ist ein Connecticut-Shade. Durch die nachträgliche Reifung harmonieren die verwendeten Tabaksorten perfekt miteinander.

El Credito

Bereits im Jahre 1907 begannen die Vorfahren von Ernesto Perez-Carrillo in ihrer Heimat Kuba mit dem Anbau von Tabak und der Fertigung feinster kubanischer Zigarren. Wie so viele große Tabak-Familien zog es auch diese Familie nach der kubanischen Revolution von 1959 und der damit einhergehenden Landverteilung und Kapitalenteignung ins nahegelegene Florida, dem Sammelbecken kubanischer Exil-Familien. Ihrer Leidenschaft blieben sie jedoch treu, und so wurde ihre Zigarren-Linie bereits in den 1960er-Jahren dem Markt vorgestellt. Den Namen *La Gloria Cubana* konnte die Familie aus der alten Heimat übernehmen – samt der Rechte für den amerikanischen Markt – und sich so in der Folgezeit einen gut Ruf erarbeiten. In den 1970er-Jahren verlegte man den Firmensitz nach Santiago in der Dominikanischen Republik, wo die Fertigung der Zigarren noch heute ansässig ist. Die Marke *El Credito* bildet dabei den Ableger für den europäischen Markt und verfügt über die identische Zusammensetzung und Fertigung wie die *La Gloria Cubana*. 1999 wurde die Marke an das Tabak-Imperium General Cigar verkauft. Nach einer kurzen Übergangszeit, in der Ernesto Jr. noch die Produktion überwachte, zog er sich zunehmend aus dem Geschäft zurück und verfolgt heute seine eigenen Projekte. Die Qualität dieser Zigarren hat sich dadurch allerdings nicht verändert und steht nach wie vor für einen hervorragenden karibischen Rauchgenuss im Longfiller-Bereich.

Flores y Rodriguez

Starke dominikanische Zigarren? Ja das geht! Mit den *Flores y Rodriguez* von Juan Rodriguez und Abe Flores, Teilhaber bei PDR Cigars (PDR steht für Pinar del Rio – eine Hommage an Kuba), ist ein solches Produkt gelungen. Ob in Claro oder Maduro, die kräftigen Aromen erinnern eher an Kuba als an die Dominikanische Republik. Die *Flores y Rodriguez* ist erst seit der InterTabac-Messe 2013 offiziell auf dem deutschen Markt vertreten, hat sich aber schon einen Ruf erarbeitet, der zeigt: Hier wird Qualität gearbeitet. Ebenfalls seit der Messe sind die *PDR 1878* in Deutschland verfügbar, über die es nicht viel zu sagen gibt: Geheimtipp!

Griffins

Das Wappentier des »Griffin's Club« in Genf, der Greif oder Griffon, ist ein sehr altes Fabeltier, das häufig als Mischwesen mit Löwenkörper, Vogelkopf und Flügeln dargestellt wird. Der Greif als Wappentier symbolisiert Schutz und gilt als Bewacher von Schätzen. Der nach ihm benannte Club macht seinem Namen alle Ehre und beeindruckt durch exquisites modernes Interieur, das von prächtigen Stoffen und goldenen Akzenten ergänzt wird.

Der Gründer des »Griffin's Club«, Bernard Grobet, ist *Aficionado*. So waren Zigarren von Beginn an ein wichtiger Bestandteil der Club-Atmosphäre. Ab 1984 ließ Grobet exklusiv für seinen Club Zigarren mit entsprechender Bauchbinde herstellen. Besondere Begeisterung bei den Club-Besuchern riefen Zigarren aus der Dominikanischen Republik hervor, die unter dem Label *Griffins* bald auch in Fachgeschäften der Schweiz und den USA zu erhalten waren. Seit 1992 ist die Oettinger Imex AG, die u. a. Davidoff-Tabakprodukte vertreibt, Inhaberin der Marke und lässt *Griffins* in einem Joint Venture mit dem Tabakspezialisten Hendrik Kelner *(Tabacos Dominicanos)* herstellen.

Die Einlage für *Griffins* besteht aus drei verschiedenen Tabaksorten aus verschiedenen Jahrgängen.

Gurkha

Der martialische Name und die Aufmachung der *Gurkha* leiten sich von nepalesischen Soldaten in Diensten der britischen und indischen Armee ab. Sie waren eine Art »Special Force«, die besonders durch ihre dicken, ähnlich eines Bumerangs geformten Messer bekannt waren. Im Jahr 1989 besuchte der gebürtige Inder Kaizad Hansotia die indische Insel Goa und entdeckte dort diese vergessene Zigarrenmarke. *Gurkha*-Zigarren fielen anfangs vor allem für ihre enorm hohen Preise auf (bis zu 750 US-Dollar pro Stück), sind aber mittlerweile auch in erschwinglichen Regionen erhältlich – allerdings immer mit dem Hang zum Exzentrischen. Die Zigarren sind in den USA sehr erfolgreich und jetzt auch in Deutschland erhältlich.

Hommage 1492

Diese im mittleren Preissegment beheimateten Zigarren stammen vom erfahrenen und renommierten Zigarren-Experten Manuel Quesada, dessen Tradition weit in die kubanische Geschichte zurückgeht. Tatsächlich begannen die Quesadas bereits 1880 auf Kuba mit der Produktion von Zigarren und verschafften sich bald einen exzellenten Ruf in der Branche. Liest man heute die Liste der von ihnen produzierten Edel-Zigarren, mag diese Beliebtheit kaum verwundern.

Das Jahr 1492 und die damit verbundene Entdeckung des amerikanischen Kontinents stellt einen der herausragenden Meilensteine dar, welche den Beginn der Neuzeit markieren. Mit ihrem breiten Angebot stellt sich die *Hommage 1492* definitiv als hochwertige Zigarren-Marke dar, die einem milden bis mittelkräftigen Geschmack bietet und mit einer guten Verarbeitung aufwartet.

Inch by E. P. Carrillo

Ernesto Perez-Carrillo ist nicht nur einer der Urväter der sogenannten Boutique-Zigarren und ein Star auf dem amerikanischen Markt – seit der *Inch* wird er gefeiert. Diese riesigen Zigarren (Ringmaße 60, 64 und 70) sind gut verarbeitet, majestätisch anzusehen und recht mild. Nicht selbstverständlich bei so großen Zigarren. Bekannt ist Carrillo von der *El Credito (La Gloria Cubana)*, die bis 2009 unter seiner Verantwortung stand. Heute betreibt Ernesto Perez-Carrillo zusammen mit seinen beiden Kindern ein eigenes Unternehmen, das unter anderem diese Riesenzigarren vertreibt.

Imperiales

Einer der renommiertesten Hersteller des Landes ist die La-Aurora-Manufaktur der Familie León Jimenes in der Region Santiago de los Caballeros. Diese ist vor allem für ihre gleichnamige Zigarren-Linie *La Aurora* weltberühmt. Nun hat die Manufaktur mit der *Imperiales* eine Longfiller-Linie im niedrigeren Preissegment kreiert, die dennoch die besten Eigenschaften der großen Hausmarke in Sachen Geschmack und Aroma vereint. Die Zigarren-Linie erscheint in den Ausführungen *Classico* und *Maduro* und unterscheidet sich in der Fermentierung des Tabaks. Die erste Variante, mit gelber Banderole und Schachtel, ist durch eine wesentlich hellere Farbe des umgebenden Connecticut-Shade-Deckblattes gekennzeichnet. Entsprechend der erheblich dunkleren Farbe der *Imperiales Maduro* kommen die Verpackung und die Banderole in edlem Schwarz daher. Der Tabak der *Maduro* ist doppelt fermentiert und dadurch besonders würzig im Geschmack. Das Deckblatt entstammt hingegen der Havanna-Vuelta-Arriba-Züchtung, wurde jedoch in Ecuador angebaut. Dieses sorgt für einige fruchtige Nuancen auf der Zungenspitze im ansonsten kräftig-würzigen Aroma der *Imperiales Maduro*.

Juan Clemente

Eigentlich war es der Franzose Jean Clement, der 1982 eine neue Zigarre hervorgebracht hat, die schon bald als eine der besten Zigarren der »neueren Generation« galt. Da sich die hispanisierte Form seines Namens im Zusammenhang mit Tabak offenbar besser zu machen schien, wurde *Juan Clemente* offizieller Namensgeber der Marke. Qualitativ hochwertige Santo-Domingo-Blätter machen das wohlschmeckende Aroma aus. Die Einlage wird aus vier verschiedenen Sorten einheimischen Tabaks gefertigt, mit einem ebenfalls dominikanischen Umblatt ummantelt und schließlich mit einem Connecticut-Shade-Deckblatt abgerundet. Vor dem Verkauf reifen die fertigen Zigarren nochmals für ein halbes Jahr nach, damit sich ihre kräftige Würze gänzlich entfalten kann.

La Aurora

Die Marke *La Aurora* ist die älteste Markenzigarre der Dominikanischen Republik und zählt zu den Flaggschiffen des Familienunternehmens León Jimenes. Don Eduardo León Jimenes gründete die La-Aurora-Manufaktur im Jahr 1903 und legte damit einen der Grundsteine für den Erfolg dominikanischer Zigarren. *La Aurora* werden seit über einhundert Jahren von Hand hergestellt und stehen für exzellente, hervorragend verarbeitete Tabake. Das beweisen auch die hohen Rankings im *Cigar Aficionado*. Die verschiedenen Serien und Editionen der *La Aurora* schreiben Tradition und Erfolg dieser Marke fort. Mittlerweile hat die dritte Generation der León-Familie die Nachfolge angetreten: Guillermo León setzt die Tradition der Manufaktur fort, die sich vom Familienbetrieb zum größte Unternehmen der Dominikanischen Republik entwickelt hat.

Vier Hauptserien werden derzeit produziert: *La Aurora, La Aurora Preferidos, La Aurora 107* und *La Aurora 1495*. Die Serie *1495* zollt der Gründung Santiagos durch Christoph Kolumbus Tribut und enthält sechs verschiedene Tabake. Der Tabak für die *Preferidos*-Serie ist zum Teil in alten Rumfässern aus Eichenholz gereift und überzeugt durch ihr spezielles Aussehen und ihre sorgfältige Lagerung.

Gemeinsam haben die *La Aurora*-Zigarren die Verwendung von regionalen Einlagen und Umblättern. Damit steht die Marke für dominikanische Zigarren, die mit feinen Deckblättern aus aller Welt veredelt werden. Für die Deckblätter werden je nach Sorte Tabake aus Ecuador, Brasilien, Connecticut, Kamerun, Honduras oder der Dominikanischen Republik verwendet.

Guillermo Leon und Gustavo Velayos von La Aurora – We Smoke Santiago!

La Flor Dominicana

Die Zigarren der Marke *La Flor Dominicana* zählen unbestritten zu den besten und wohl auch stärksten Zigarren der Dominikanischen Republik. Litto Gomez Diez kam ursprünglich aus dem Juwelier-Geschäft bevor er sich dem Tabakanbau und der Zigarrenfertigung widmete. 1996 gründete er die Tabakmarke *La Flor Dominicana* – anfangs auch bekannt unter dem Namen *Los Libertadores*. Grund für seinen Berufswechsel war ein Raubüberfall, der ihn um Juwelen im Wert von 400.000 US-Dollar erleichterte.

La Flor Dominicana gehört zu den Marken, die sich nicht zu sehr vom US-amerikanischen Zigarren-Boom der 1990er-Jahre beeindrucken ließen und weniger die Produktionsmenge steigerten, als vielmehr die Qualität verbesserten. Durch diese Arbeit hat Gomez sich einen respektablen Ruf innerhalb der Zigarrenwelt erarbeitet. War er in der Anfangszeit noch darauf bedacht, sich auf den Anbau von Tabak für Einlage und Umblätter zu konzentrieren, begann er im Jahr 2002 mit der Kultivierung eines »Shade Grown Wrapper« – eines aufgrund des Sonnenschutzes feingliedrigen, hellen Deckblattes.

Die Reputation der Marke ist weit über die Landesgrenzen hinweg gestiegen, und so nannte *Cigar Aficionado* im Jahr 2006 Litto Gomez Diez »den wohl innovativsten Denker im Zigarren-Geschäft«. Die Fabrik in Tamboríl, im Osten von Santiago de los Caballeros, zeichnet sich heute vor allem durch die Herstellung sehr kräftiger Zigarren aus, die auch von Kuba-Liebhabern hoch geschätzt werden.

Laura Chavin

Helmut Bührle arbeitete bereits seit sieben Jahren am Aufbau seiner Tabak-Firma, ehe er im Jahr 1999 die ersten Zigarren mit dem Namen *Laura Chavin* in sechs verschiedenen Formaten der Weltöffentlichkeit vorstellte. Dabei spielten die Frauen in seinem Leben eine bedeutende Rolle: Noch während seines Studiums lernte er das Handwerk von seiner Mutter, Sophie Chavin Bührle, die bereits mit Tabak handelte. Nach der Universität zog er in die Welt hinaus, um seine Kenntnisse weiter zu komplettieren. So arbeitete er unter anderem für Hermés und Christian Dior, um das Geschäft mit Luxusartikeln besser kennenzulernen, sowie für Zino Davidoff, um dieses

Wissen auch auf die Zigarre anzuwenden. Dabei hat sich Bührle die Hilfe eines erfahrenen Zigarren-Produzenten in der Karibik gesichert: Siegfried Maruschke. Nach der Fertigung werden die Zigarren nach Deutschland verschifft, wo sie im firmeneigenen Schloss Hochdorf in einem dreihundert Jahre alten Keller gelagert werden, um ihre endgültige Güte zu erreichen. Für den Namen seiner Zigarren bediente sich Helmut Bührle wiederum bei einer Frau aus seiner Familie: Seine 1988 geborene Tochter, Laura Chavin Bührle, ist die Namenspatronin seiner Zigarrenlinie und arbeitet mittlerweile auch in der Firma ihres Vaters.

León Jimenes

Zigarren der Marke *León Jimenes* sind bei Kennern schon lange sehr beliebt. Sie werden in der La-Aurora-Manufaktur in Santiago de los Caballeros hergestellt. Trotz des hellen Deckblattes sind die *Jimenes*-Zigarren mittelkräftig und finden auch bei Liebhabern kubanischer Zigarren Anklang.

Die Marke *León Jimenes* wurde 1987 auf den Markt gebracht und huldigt den Gründern der La-Aurora-Manufaktur. Don León Eduardo Jimenes war Spross einer Familie von Tabakbauern und lernte von seinem Vater Antonio schon früh das Rollen von Zigarren. Mit seinem Wissen und seinem Anspruch an die Perfektion handgemachter Zigarren gründete er 1903 die Manufaktur. Die erste Marke – *La Aurora* – ist die älteste Marke dominikanischer Zigarren, die immer noch hergestellt und weltweit geschätzt wird. Milder Geschmack, exzellente Balance und exquisite Aromen bilden das Credo der Marke *León Jimenes,* die in drei Serien produziert wird. Neben der klassischen Linie wird zudem eine sehr schöne Serie mit dunklen Deckblättern unter dem Namen *Double Maduro* geführt. Sie zeigt einmal mehr, dass dunkle Zigarren nicht immer kräftig sein müssen.

Macanudo

Diese Zigarrenmarke hat ihre Ursprünge in einer Untersorte der *Havanna Punch,* die sich erst kurz vor Beginn des Zweiten Weltkrieges zu einer eigenständigen Marke entwickelte. Da Kuba im Zeitraum von 1939 bis 1953 unter einem Handelsembargo stand, unter anderem durch Großbritannien, fanden die kubanischen Hersteller mit der Produktion im jamaikanischen Ausland einen legalen Weg, das Exportverbot zu umgehen – die britische Nachfrage war beachtlich.

Fidel Castro drängte schließlich um 1960 dazu, das Unternehmen an einen Tabakkonzern aus Jamaika zu verkaufen – die Besitzer mussten seinem Druck schließlich nachgeben. Einige Jahre später wurde die Marke von General Cigars aus den USA übernommen. Von hellgrünem Jade über einen blondgoldenen Ton bis hin zu braunschwarzem Maduro ist alles vertreten. Das gilt auch für die außerordentliche aromatische Vielfalt der Sorte: Im gesamten Spektrum ist dort etwas zu finden – nicht umsonst ist *Macanudo* heute einer der klangvolleren Namen der Branche.

Marca Fina Dominicana

Einige berühmte Marken schaffen es, den jeweiligen Charakter ihres Herkunftslandes auf perfekte Art und Weise zu transportieren. So ist es auch mit der *Marca Fina Domnicana*. Diese Serie gehört zur großen Marke *Marca Fina*, welche von der FTAC, der Federación de Tabaqueros America Central, vertrieben wird. Die FTAC ist ein Zusammenschluss einzelner Bauern in Südamerika und der Karibik, die sich für eine angemessene Bezahlung ihrer Arbeit einsetzen. Neben der Serie *Marca Fina Domnicana* gibt es noch weitere, die jeweils aus einem anderen Land kommen und auch nur für diesen Ursprung repräsentativen Tabak benutzen. Charakteristisch ist eine besondere Milde, die sich in der leichten Zugänglichkeit zeigt, sowie ein absolut fairer Preis. Gerade unerfahrene Raucher greifen daher besonders gerne zu.

Miguel Private Cigars

Miguel Private Cigars gibt es seit dem Jahr 2002. Der Berliner Michael Diersch ist der Begründer und Eigentümer des Labels, das bislang fünf Serien herstellt. Das Spektrum der *Miguel Private Cigars* reicht, je nach Linie, von einem leichten und cremigen Aroma bis hin zu einem kräftigen und vollen Geschmack. Der verwendete Tabak ist ausschließlich dominikanischer Herkunft und wächst

Zigarre der Marke »Miguel Private Cigars«

im Cibao-Tal nahe der Stadt Santiago. Am Anfang der Marke und ihrer Zigarren stand ein Besuch auf Kuba im Jahr 1992. Michael Diersch fühlte sich sofort hingezogen zu dem karibischen Land und seiner Lebensfreude, auch wenn der Funke des Zigarrenrauchens nicht gleich übersprang. Zwei Jahre später besuchte er die Dominikanische Republik, die trotz etlicher Gemeinsamkeiten auch viele Unterschiede zu Lebensart und Landeskultur in Kuba aufweist. Als Produktionsassistent lernte er bei Oskar Nausch in der *Tabacalera Don Esteban* alle Bereiche der Zigarrenproduktion intensiv kennen. Zudem schloss er Bekanntschaft mit Siegfried Maruschke, der für die Firma José Mendez & Co den Rohtabak an wichtige Zigarrenhersteller verkaufte und bis heute den Tabak für *Miguel Private Cigars* liefert. Schließlich fand Diersch in der Dominikanischen Republik auch sein privates Glück, natürlich verknüpft mit dem Tabak: Die Familie seiner Frau baut die Pflanzen seit drei Generationen an.

Die fünf Serien bieten von mild bis würzig für jeden Geschmack und jede Gelegenheit die richtige Zigarre, sodass sich mit Zigarren von *Miguel Private Cigars* der ganze Tag fortlaufend strukturieren ließe.

Mustique Red

Die Zigarrenserie *Mustique Red* geht auf die Idee der deutschen Zigarrenimporteure Kohlhase & Kopp zurück. Diese entwarfen, gespeist durch ihre große Erfahrung mit den Bedürfnissen des deutschen Zigarrenmarktes, diese spezielle Zigarrenmarke. Dabei wählten sie die verwendeten Tabake selbst aus und gaben die Produktion in der Dominikanischen Republik in Auftrag. Das Ziel war, einen möglichst niedrigen Preis für einen möglichst hohen Rauchkomfort zu erreichen. Und das ist ihm auch gelungen. Zigarren der Marke *Mustique Red* – früher einfach *Bundles B* – werden als Mediumfiller allesamt von Hand gerollt. Die Tabake sind bei allen Formaten gleich: Die Einlage aus dominikanischem und brasilianischem Tabak wird von einem Umblatt aus Nicaragua umhüllt und von einem aromatischem Deckblatt aus ecuadorianischem Anbau komplettiert. Und das Ganze für einen fast schon unverschämt günstigen Preis.

Mustique Blue

Die Zigarren der Linie *Mustique Blue* sind die jüngeren Schwestern der *Mustique Red,* die ebenfalls in der Dominikanischen Republik gefertigt werden. Das Hauptaugenmerk liegt auch hier auf dem Verhältnis von Preis und Genuss. Während das Deckblatt aus einem goldenen Connecticut-Shade besteht, wird für die Einlage und das Umblatt auf Tabake aus dominikanischem Anbau zurückgegriffen. Die komplette Linie bietet ausnahmslos milde, leicht würzige Aromen und eignet sich deshalb auch hervorragend für Entdecker in der Welt der Zigarren. Natürlich kommen auch hier Freunde des alltäglichen Zigarrengenusses auf ihre Kosten – vor allem da es sich um Bundle-Ware handelt, die Zigarren also in Zellophan gewickelt im Bündel, also ohne Kiste, angeboten werden. Dadurch ist dieses Marktsegment besonders günstig, aber auch umkämpft.

Nat Sherman

Diese Zigarren werden zwar in der Dominikanischen Republik hergestellt, aber in den USA vertrieben, mit Firmensitz in Manhattan. Die in den 1990er-Jahren entstandene Tabak-Edelmarke hat bisher vier verschiedene Serien hervorgebracht, von denen drei nach New Yorker Institutionen benannt sind. Die Sorten *Landmark* und *City Desk* sind mit kamerunischen oder mexikanischen Maduro-Blättern ummantelt und recht würzig im Geschmack. Die *Gotham* hat ein dunkelbraunes Connecticut-Deckblatt. *Manhattan* – mit mexikanischem Deckblatt – und *Host* – mit Connecticut-Deckblatt sowie einer Einlage aus kubanischen Saaten – sind die neueren Ausführungen der Marke. Sie bereichern das ohnehin bereits hervorragende Angebot mit weiterer Geschmacksfülle. Wer in New York City ist, sollte auf jeden Fall einmal bei Nat Sherman in der 42nd Street vorbeischauen.

Private Stock

Die Zigarren der Marke *Private Stock* werden in der Dominikanischen Republik allesamt von Hand gefertigt. Der dominikanische Tabak aus der Anbauregion rund um Santiago wird mit Blättern aus ecuadorianischem Anbau kombiniert, um eine angenehme Balance aus Würze und feiner Milde zu erhalten. Das Sortiment der *Private Stock* bilden zwei Linien: die *Private Stock Longfiller* und die *Private Stock Mediumfiller.*

Die Mediumfiller dieser Marke werden aus ganzen Deck- und Umblättern komplett von Hand gefertigt. Lediglich die Einlage wird aus dem Verschnitt der Longfiller-Produktion gearbeitet. Um die Statik der Zigarre zu festigen, wird zusätzlich noch ein halbes Tabakblatt der Sorte *San Vicente* verwendet.

Quisqueya

Zigarren aus dem Hause *Quisqueya* beziehen ihre Beliebtheit aus dem Verhältnis von Preis und Leistung, denn die handwerklich einwandfreien Zigarren bieten einen angenehmen Tabak zu einem niedrigen Preis. Ein guter Einstieg für die Erkundung der dominikanischen Zigarrenwelt.

Quisqueya-Zigarren werden in drei Serien angeboten, die allesamt als Mediumfiller daherkommen. Allerdings stammen nicht zwangsweise alle Bestandteile aus der Dominikanischen Republik. So beziehen beispielsweise die Zigarren der *Forte*-Serien ihre Connecticut-Deckblätter aus den Anbaugebieten in Ecuador.

Allgemein werden die *Quisqueya*-Zigarren als bekömmlich und mild bis mittelkräftig beschrieben und stehen weniger für ausgeweiteten Facettenreichtum als vielmehr für einen typischen dominikanischen Rauchgenuss, der – im unteren und mittleren Preissegment angesiedelt – einen guten Einstieg für den angehenden *Aficionado* bietet.

Santa Damiana

In Deutschland zählen die *Santa Damiana* zu den beliebtesten Zigarren aus der Dominikanischen Republik. Diese milden Zigarren sind sehr solide und präsentieren sich mit einem delikaten, leicht würzigen Geschmack und einem angenehmen Aroma. Die Zigarren aus der Classic-Linie bieten dem Einsteiger in die Zigarrenwelt einen unkomplizierten und preiswerten Rauchgenuss.

Die Sterne des Guide Michelin in der Gastronomie sind in der Zigarrenwelt die *Cigar Trophies* für besondere Erzeugnisse. Zwei

Jahre infolge gewann die *Santa Damiana* diese hoch geschätzte Trophäe für ihr ausgezeichnetes Preis-Leistungsverhältnis. Die Herstellung in der Fabrik *Tabacalera de Garcia* in der Dominikanischen Republik bürgt für hohe handwerkliche Qualität dieser Premium-Zigarren. Zudem gibt es eine nicht minder gute Maduro-Linie.

Vasco da Gama

Wer sich mit dem Portugiesen Vasco da Gama beschäftigt, lässt sich in Gedanken auf Abenteuer ein. Er geht gemeinsam mit einem der größten und mutigsten Seefahrer seiner Zeit auf Entdeckungsreise. 1497 brach er zum ersten Mal auf, um in einem höchst abenteuerlichen Unternehmen erfolgreich einen Seeweg nach Indien zu finden. Ihm zum Gedenken wurde eine Zigarre benannt, die breiten Ansprüchen genügt. Für diese Zigarren werden Tabake aus den besten Anbaugebieten Sumatras, Brasiliens, Kubas und der Dominikanischen Republik ausgewählt. Die Marke richtet sich vor allem an Neugierige, die gerne neue Wege gehen und den besonderen Genuss suchen – also ein wenig auf den Spuren eines großen Entdeckers wandeln.

Diese dominikanische Marke wird heute im Wesentlichen durch acht Zigarrenformate bestimmt. Im Vordergrund stehen jedoch die Portwein- und Whisky-Zigarren, denn hierzu werden tatsächlich sehr hochwertige Portweine und Whiskys im Reifungsprozess verwendet. Die Whisky-Zigarren ruhen während ihrer Reifung im Duft von zwölf Jahre altem *Glenfarclas Single Highland Malt Scotch Whisky*. Bei den Portwein-Zigarren findet ein Rozès-Portwein Verwendung.

Vega Fina

Die Zigarren der Marke *Vega Fina* gehören – abseits der kubanischen Marken – zu den erfolgreichsten Tabakwaren auf dem spanischen Markt und bieten einen Vorteil, der beispielhaft für dominikanische Zigarren ist: ein hervorragendes Preis-Leistungsverhältnis. Ihren Ursprung haben die Zigarren von *Vega Fina* in der Arbeiterstadt La Romana in der Dominikanischen Republik. Diese

Stadt besteht zu fast 100 Prozent aus Angestellten im Tourismus sowie der Zucker- und Zigarren-Produktion. Daher steht hier auch eine der größten Zigarren-Fabriken für handgefertigte Premium-Zigarren der Welt: die *Tabacalera de Garcia*. Diese Fabrik bedient seit jeher den Zigarrenmarkt mit hervorragenden dominikanischen Zigarren.

Die Marke *Vega Fina* geht speziell auf den überaus erfolgreichen Masterblender José Seijas zurück. Dieser erfahrene Tabakexperte, der 2012 aus seinem Ruhestand zurückkehrte und nun für seine eigenen Unternehmungen Tabakmischungen kreiert, versammelte für diese spezielle Marke eine ausgewogene Mischung aus milden bis mittelkräftigen Aromen und legte damit das Fundament für den Erfolg der *Vega Fina*.

Villiger

Die Marke *Villiger* ist dem alten Familienbetrieb der Familie Villiger entsprungen und wird heute bereits in der dritten Generation betreut. Ursprünglich war es Jean Villiger, der im ausgehenden 19. Jahrhundert seine Passion für den gerollten Tabak entdeckte und die Grundlagen der heute sehr erfolgreichen Marke schuf. Mittlerweile leitet sein Enkel Heinrich die Geschicke des Unternehmens, welches mit der Villiger-Serie *Dominicana* eine Premium-Marke aus der Dominikanischen Republik vertreibt.

Im Laufe des letzten Jahrhunderts haben sich mehrere Marken aus dem Hause Villiger etabliert. Zu den bekanntesten Vertretern gehört die *Dominicana*. Wie es für den Tabak aus diesem Land üblich ist, sind die Zigarren eher milde im Geschmack und daher leicht und angenehm zu rauchen.

Bei der Einlage der *Dominicana* handelt es sich um eine Mischung von Tabaken aus der Dominikanischen Republik und Nicaragua. Das Deckblatt der Zigarren wird in Ecuador angebaut, das Umblatt kommt hingegen aus Peru. Diese Kombination sorgt dafür, dass die *Dominicana* ein Aroma aus Holz und Nuss sowie Schokolade und Honig besitzt. Neben der dominikanischen Produktion bietet Villiger unter seiner Eigenmarke noch weitere Serien, wie die *Villiger 1888, Villiger Talanga* sowie die *Colorado* aus Nicaragua.

Winston Churchill

Die Zigarren der Marke *Winston Churchill* werden nicht nur vom Enkelsohn des berühmten britischen Premierministers in ihrer Produktion überwacht, sondern entstammen auch den erfahrenen Blendern aus dem Hause Davidoff.

Der in *Winston Churchill*-Zigarren verwendete Tabak stammt aus gut geführten Tabakplantagen Süd- und Zentralamerikas, genauer gesagt aus Peru, Ecuador, Nicaragua sowie der Dominikanischen Republik. Ein besonders beliebtes Geschenk für Zigarrenfreunde bildet die *Winston Churchill Collection*. Diese kleine Box besteht aus vier verschiedenen *Winston Churchill*-Zigarren: einer *Blenheim*, einer *Chequers*, einer *No.10* sowie einer *Marrakesh*. Dargereicht in einer optisch ansprechenden Verpackung, schmückt diese Kollektion jeden Humidor und verwöhnt selbst den erfahrenen *Aficionado*.

Hervorzuheben ist die *Winston Churchill Chartwell*, die im Jahre 2011 durch *Cigar Aficionado* unter die Top 25 (Platz 17) des Jahres gewählt wurde. Getreu dem Motto Churchills: »Ich bin ein Mann des einfachen Geschmacks, mich stellt einfach nur das Beste zufrieden.«

Zino

Zino war der Sohn des Zigaretten- und Pfeifentabakhändlers Henri Davidoff. Er reiste gerne und erwarb sein Wissen über die Zigarrenherstellung in Kuba sowie in Mittel- und Südamerika. Nach seiner Rückkehr führte er im elterlichen Laden in Genf die Zigarren ein, wobei sich die in Kuba geknüpften Kontakte als äußerst wertvoll erwiesen. Darüber hinaus entwickelte er nach seiner Reise den Humidor, um für seine kostbare Ware Lagerungsbedingungen zu schaffen, wie sie in der Karibik vorherrschten. Davidoff gelang es während des Zweiten Weltkrieges sogar, Havanna-Zigarren im besetzten Paris zu horten und zu handeln.

1967 schloss Zino Davidoff mit der staatlichen kubanischen Zigarrenfirma *Cubatabaco* einen Vertrag zur Produktion einer exklusiven Zigarre unter dem Namen *Davidoff.*

Nachdem die USA das Wirtschaftsembargo gegen Kuba erlassen hatten, begann er in Honduras unter Verwendung einheimischer und amerikanischer Tabake die Marke *Zino* zu produzieren. Diese trat bald einen Siegeszug um die ganze Welt an und zählt heute zu den meistverkauften Zigarren weltweit.

Zino-Zigarren überzeugen als »kleine Schwester« der großen *Davidoff* mit hervorragender Qualität, unverwechselbaren Tabakmischungen und einer großen Vielfalt an Formaten, die mit den Platinum-Serien *Scepter* und *Crown* sogar bis in den Ultra-Premium-Bereich hineinreichen.

Interview mit Litto Gomez (La Flor Dominicana)

Hallo Litto, wir haben Sie als unseren Experten zum Thema dominikanische Zigarren zu Gast. Bitte stellen Sie sich unseren Lesern kurz vor.

Ich bin der Produzent der *La Flor Dominicana-* Zigarren, eben aus der Dominikanischen Republik. Bevor ich vor 20 Jahren anfing, Zigarren zu produzieren, war das wichtigste in meinem Leben meine Familie. Jetzt sind es meine Familie, meine Arbeit und die LFD-Fans auf der ganzen Welt.

Welches Bild kommt Ihnen als erstes in den Sinn, wenn Sie an Zigarren denken?

(lacht): Da sind so viele tolle Erinnerungen. Und viele sehr spezielle Momente.

Können Sie sich noch an Ihre erste Zigarre erinnern? Wann war das und welche Zigarre?

Ja kann ich. Eine *Montecristo No.2,* 1978 in Toronto, Canada. Ich habe damals als Aushilfe in einem Steakhaus gearbeitet und Geschirr geschleppt. Es war ein Samstag und wir waren absolut unterbesetzt. Es war einer der stressigsten Abende, die wir hatten und ich wurde daher zum Kellner befördert. Am Ende des langen und harten Abends gingen alle Gäste aber zufrieden und feiernd nach Hause und der

Chef-Barkeeper kam zu mir herüber, gratulierte mir zur guten Arbeit und drückte mir diese Zigarre in die Hand. Ich ging dann durch leichten Schneefall nach Hause, rauchte auf dem Heimweg diese großartige Zigarre und verstand – so gut sie auch schmeckte –, dass es bei Zigarren eben nicht nur um guten Geschmack, sondern auch um spezielle Momente geht.

Und dann wurden Sie ein Teil der Zigarrenindustrie.
Wie kam das?

Ich hatte mir bis eine Woche, bevor ich die finale Entscheidung traf, nicht in meinen wildesten Träumen ausmalen können, eines Tages selbst Zigarren zu produzieren. Es passierte alles sehr schnell. Und so verrückt die Idee auch war, wir haben es dann einfach gemacht, ohne lange darüber nachzudenken. Es war deshalb verrückt, weil wir uns nicht wie üblich an einen Zigarrenproduzenten gewandt hatten, der uns dann eine Zigarre herstellte, sondern uns entschieden, die gesamte Produktion in Eigenregie zu übernehmen. Das machte nicht wirklich viel Sinn, aber irgendwie hat es doch geklappt.

Wie muss man sich bei Ihnen einen typischen Arbeitstag vorstellen?

Ich fahre morgens in die Fabrik, zünde meine erste Zigarre an – eine *LFD Serie 2000 No.3* –, trinke dominikanischen Kaffee (mit viel Zucker!), checke meine E-Mails, gehe durch die Produktionsreports des Vortags, dann hinüber in die Fermentationskammer und schaue mir die Tabakpylonen an, um zu sehen, wie die einzelnen Stapel fermentieren. Ich teste viele einzelne Tabake auf Geschmack und Reifungsgrad. Einige sind noch sehr jung und schmecken entsprechend nicht gut, andere schmecken besser und manche sogar hervorragend.

Ich gehe dann durch alle Abteilungen in unserer Fabrik und treffe mich mit den Verantwortlichen, sehe mir die Fortschritte an und schaue, wo ich unterstützen kann. Danach gehe ich zu unseren Rollern und probiere die frischen Zigarren, spiele mit dem einen oder anderen neuen Blend herum, treffe mich oder telefoniere mit unseren Tabaklieferanten, telefoniere mit unseren Vertriebsleuten, mit Händlern, treffe mich mit den Herstellern unserer Kisten, arbeite an neuen Ideen zu neuen Produkten, mehr Kaffee, mehr Zigarren, spreche mit dem CRA-Vorstand (Cigar Rights Association of America, Anm. d. Autors) über unsere Arbeit zum Erhalt der Zigarre im Angesicht der aktuellen Gesetzgebung. Dann rufe ich meine Kinder an. Und wie immer ist der Tag zu kurz, um alles erledigt zu bekommen, und ich verlasse die Fabrik, mehr Zigarren, mehr Rum. Während der Erntezeit ist es übrigens noch etwas geschäftiger, da ich noch Zeit auf unserer Farm verbringe.

Was macht Ihnen an ihrem Job am meisten Spaß?
Und was am wenigsten?

Die Arbeit in der Fabrik gibt mir am meisten zurück, da dort jeden Tag neue Herausforderungen warten. Es passieren dort so viele Dinge. Es ist der Ort, an dem wir die jahrelange Arbeit des Tabakanbaus und der Reifung schmecken und am Ende auch am fertigen Produkt genießen können. Papierkram und Büroarbeit ist dagegen nicht so mein Ding.

Was war Ihr bislang größter Erfolg? Was der größte Misserfolg?
Und was haben Sie daraus gelernt?

Das war ganz ohne Zweifel die Erfindung der *Chisel*-Form. Die Zigarren wurden ein großer Erfolg für unsere Firma und zudem ein großer Teil unserer Identität. Wenn ich zurückdenke, würde ich sagen, dass es damals ein großer Fehler war, unseren Importeur in Deutschland zu wechseln, da der neue Importeur total unsere Markenidentität missachtet hat. Wir wechselten dann zwar zurück, aber es hat Jahre gedauert, den Schaden an unserem Image wieder zu reparieren. Ich habe dabei gelernt, geduldig zu sein. Gute Sachen kommen immer zu den Leuten, die warten können.

Sie sind international aktiv, wie unterscheiden sich die deutschen Zigarrenraucher vom Rest der Welt?

Deutschland war früher ein ganz anderer Markt als die USA. Ich erinnere mich noch, als wir begannen, die Serie *Double Ligero* in Deutschland zu verkaufen. Die Leute haben sie zwar probiert, aber kauften sie danach nicht mehr, weil die Zigarren für den damaligen

Geschmack einfach zu stark waren. Heute sehe ich aber, dass wir viele starke Zigarren in Deutschland verkaufen; auch die großen Ringmaße und Maduros gehen sehr gut. Die Vorlieben der deutschen und amerikanischen Raucher gleichen sich immer mehr an.

Was ist Ihrer Meinung nach das Geheimnis einer exzellenten Zigarre?

Das Alter des Tabaks und die Ausgewogenheit des Blends.

Was ist die beste Zigarre, die Sie je geraucht haben und warum?

Das waren sehr viele, denn wie ich erwähnte, geht es nicht nur um guten Geschmack, sondern auch um diesen speziellen Moment: Wie man sich fühlt und wer die Leute sind, die einen umgeben – oder wenn man alleine ist, ob einfach alles stimmt und man sich richtig im Moment und in der Zigarre verlieren kann.

Was ist zurzeit Ihre Lieblingszigarre? Und warum?

Das ist meine Serie *2000 No.3* sowie die meisten unserer Zigarren mit Kamerun-Deckblatt. Diese gewisse Süße, die das Deckblatt mitbringt, das macht mir einfach Spaß.

Ok, kurze Fragen, kurze Antworten: Welche Zigarre bevorzugen Sie …
… morgens?
2000 No.3
… nach dem Mittagessen?
Air Bender Maestro oder Double Press
… zum Kaffee?
Alle Zigarren.
… zum Entspannen?
Factory Press 4

Was ist Ihre momentane Lieblingszigarre von der »Konkurrenz«?

Da gibt es ein paar, vor allem von meinen Freunden und Mitbewerbern, wenn wir uns über Zigarren austauschen: *Padrón, Fuente, Ashton, E. P. Carrillo.*

Was ist Ihrer Meinung nach die perfekte Drink-Zigarren-Kombination?

Mein Liebling ist Rum ... und Espresso.

Wir sind sehr stolz, Sie als Experten für Zigarren aus der Dominikanischen Republik mit an Bord zu haben. Das Land hat die größte Zigarrenindustrie der Welt. Allein im Großraum Santiago werden mehr Zigarren als auf Kuba produziert. Was mach den besonderen Reiz dieser Gegend aus?

Es ist die Kombination aus dem erstklassigen Boden, der meiner Meinung nach den besten Tabak der Welt wachsen lässt, und den Großmeistern, die einst vor vielen Jahren aus Kuba kamen und die Zigarrenindustrie in der Dominikanischen Republik begründeten.

Was sind die Hauptanbauregionen?
Und wie unterscheiden sich die Tabake vor Ort?

Villa Gonzales, Navarrete, Jacagua und mein Liebling, La Canela, weil es eine sehr trockene und sonnige Gegend ist, die Tabak mit Unmengen an Geschmack und Stärke hervorbringt. Dort liegt auch unsere Farm. Alle diese Regionen liegen im Cibao-Tal und produzieren Tabake mit verschiedensten Ausprägungen.

Was ist das besondere Aromen-Profil von dominikanischem Tabak – wenn es sowas denn gibt?

Es gibt viele unterschiedliche Geschmacksrichtungen bei den verschiedenen Anbaugebieten. Auch die Art, wie die Produzenten ihre Tabake reifen lassen, hat einen großen Einfluss auf den Geschmack. Wenn ich eine Sache nennen müsste, dann wäre es diese eine bestimmte Süße, die ich nur in dominikanischem Tabak finde.

Sie sind bekannt für Ihre starken Tabakmischungen.
Vielleicht sind es sogar die stärksten der Insel. Viele Leute haben uns erzählt, dass Sie die Dominikanische Republik für den erfahrenen Raucher, der gerne etwas stärker raucht, gewissermaßen wiederbelebt haben. Ausgeklügelter Plan oder Zufall?

Zigarre der Marke »La Flor Dominicana Chapter One« im Chisel-Format

Als ich anfing, Zigarren zu produzieren, rauchte ich vor allem mildere Zigarren, und meine Blends spiegelten meinen Geschmack wider. Aber mit den Jahren wandelten sich meine geschmacklichen Vorlieben hin zu stärkeren Zigarren, und das ist auch heute noch so. Wenn ich einen Blend erstelle, dann ist es immer ein Spiegelbild dessen, was ich gerne rauche.

Wonach sollten Einsteiger Ausschau halten, wenn Sie sich an dominikanische Zigarren im Allgemeinen und Ihre Zigarren im Speziellen »heranrauchen« möchten?

Wir haben in den letzten Jahren viele Blends erschaffen, von mild über mittelkräftig bis sehr stark. Ich glaube nicht, dass es wirklich eine Regel für Einsteiger gibt, außer dass man verschiedene Mischungen einfach probieren sollte, um zu sehen, was einem schmeckt.

Welche dominikanischen Zigarren sollte wirklich jeder einmal probiert haben?

(lacht): La Flor Dominicana! Ich kann sie wirklich, wirklich empfehlen!

Viele Aficionados träumen ja davon, ihren tagtäglichen Job einfach hinzuwerfen und stattdessen eigene Zigarren zu produzieren. Genau das haben Sie gemacht. Was war der schwerste Teil bei der ganzen Arbeit?

Es gibt nichts, was einen mehr erfüllt, als seine eigenen Träume zu verfolgen, egal wie verrückt sie auch sein mögen. Am schwersten ist es allerdings, all die Sachen herauszufinden, die man nicht kennt. Es gibt ja kein Buch, das einem erklärt, wie man Zigarren macht. Und die Herausforderungen einer Zigarrenfabrik sind gerade für Einsteiger sehr hart. Ich hatte wirklich viele schlaflose Nächte, in denen ich im Haus auf und ab gelaufen bin, um Antworten auf alle Probleme in der Fabrik zu finden. Das Einzige, was da wirklich hilft, ist gesunder Menschenverstand!

»La Flor Dominicana« ist einer der aufstrebenden Sterne in den USA. Wie erklären Sie sich diesen Erfolg?

Viel harte Arbeit, viel Respekt für unsere Kunden, viel Ehrlichkeit, hohe Produktionsstandards, Konstanz. Wenn wir nicht die richtigen Tabake für einen bestimmten Blend haben, dann wird er auch nicht produziert.

Im Gegensatz zu vielen anderen Marken können Sie ja nicht auf eine lange Familiengeschichte in der Zigarrenindustrie blicken. Fluch oder Segen? Ihr Sohn Antonio ist ja bereits in die Firma eingestiegen.

In allen großen Familien dieser Industrie gab es immer einen Pionier, der die Firma gründete. Meine Frau Ines und ich sind jetzt in der gesegneten Situation, genau in dieser Rolle zu sein. Mein Sohn Antonio und meine anderen Kinder werden eines Tages voller Stolz sagen können, dass Sie die zweite Generation waren. Wenn wir irgendwann nicht mehr da sein sollten, wird das unsere Hinterlassenschaft.

Vielen Dank für das tolle und informative Gespräch!

Nicaragua

Das Land der tausend Vulkane ist seit dem Ende der sandinistischen Herrschaft und dem damit einhergehenden Bürgerkrieg zu einem der wichtigsten Zigarren produzierenden Ländern der Welt geworden. Bereits nach der Revolution auf Kuba kamen einige der Exilanten in das mittelamerikanische Land, um spätestens 1979 wieder gehen zu müssen. Der Durchbruch gelang in den 1990er-Jahren, als die Produktion neue Höhen erklomm und aufgrund der weltweiten Nachfrage immer neue Produzenten die Vorzüge des nicaraguanischen Tabaks zu schätzen lernten. Wichtige Namen des nicaraguanischen Tabakanbaus sind: Oliva, Padrón, Garcia, Plasencia und A. J. Fernandez. Das klingt nicht nur wie das »who is who« der Zigarrenwelt, es ist auch tatsächlich eine Ansammlung mit der wichtigsten Zigarrenproduzenten der Welt. Schaut man sich zudem die Marken Nicaraguas an, kann einem *Aficionado* schon das Wasser im Munde zusammenlaufen: *Jaime Garcia, Don Pepin Garcia, My Father, Tatuaje, Drew Estate, La Aroma del Caribe, Flor de las Antillas, Paradiso, Nub, Oliva, Padilla, Padron, Rocky Patel* und viele mehr.

In den letzten Jahren rückten Klimaveränderungen immer stärker in den Fokus. Da klimatische Änderungen gerade in der fragilen Tabakproduktion sofortigen Einfluss auf das Produkt haben, erfuhren die vulkanischen Böden Nicaraguas eine hohe Aufwertung. Zentrum der Tabakproduktion ist Estelí, im Norden des Staates, sowie Codega, das noch ein wenig nördlicher in Richtung Honduras liegt. Anbaugebiet ist besonders das Jalapa-Tal, das sich mit seinem Boden um den besten Platz für den Tabakanbau bewirbt. Viele der kubanisch-stämmigen Einwanderer, die in der Zigarrenbranche arbeiten, können dies bestätigen.

Schon in Estelí stehen über 30 Fabriken, wobei allein die Fabriken der *Tabacalera Cubana* von Don »Pepin« Garcia zusammen 12,5 Millionen Zigarren pro Jahr produzieren können. Hierfür werden über 120 Tonnen Tabak selbst angebaut. Auch Nestor Plasencia besitzt zwei Fabriken in Nicaragua, in denen er neben seiner eigenen *Reserva Organica* auch für Danneman und Rocky Patel produziert. Noch größer ist die Produktion der Olivas, in deren Fabriken über 50.000 Zigarren pro Tag produziert werden. Allein diese drei könn-

🛑 Tabakanbaugebiet

ten genug Zigarren produzieren, um Europa vollkommen glücklich zu machen – wäre da nicht der amerikanische Markt, der zuerst bedient wird.

Alec Bradley (Nicaragua)

Neben der eigentlichen Produktion in Honduras gibt es von *Alec Bradley* – und damit von Erschaffer Alan Rubin – auch eine nicaraguanische Serie. Die *American Sun Grown*- sowie die *Nica Puro*-Serien werden vollständig hier gefertigt. Die beste Zigarre der Welt, jedenfalls nach dem amerikanischen *Cigar Aficionado*, kam 2011 von Alec Bradley: die *Prensado Churchill*. Diese Jungs verstehen also etwas von ihrem Geschäft. So sind auch die in Nicaragua hergestellten Zigarren alle im 90er-Bereich der Bewertungsskala zu Hause.

Brick House

Das Backsteinhaus unter den amerikanischen Zigarrenmarken gehört zu den beliebtesten Zigarrenprodukten weltweit. Die nicaraguanischen Zigarren kommen aus dem Hause J. C. Newman, das auch für die *Cuesta Rey* verantwortlich zeichnet. Zu Beginn handelte es sich bei der Marke noch um kubanische Puros. Nach den Wirren der Revolution wechselte man jedoch nach Nicaragua. Die Komposition der Tabake wird gelegentlich angepasst, die grundsätzlich ausgewogenen, vollmundigen Aromen blieben aber bis heute erhalten.

Cain

Die Zigarren von *Cain* kommen aus dem Hause Oliva und sind wahre nicaraguanische Meister. Aufgrund des 82-prozentigem Ligero-Anteils sind sie sehr stark und sehr würzig. Die Tabake kommen aus Condega, Estelí und Jalapa und werden dreimal fermentiert, um einen tiefen Geschmack zu erreichen, der die Stärke mildert und umrahmt. Die Qualität der *Cain*-Zigarren stimmt, und durch die sorgfältige Verarbeitung lassen sich die Zigarren entspannt nach dem Essen im Sitzen konsumieren. Aber Achtung: Vor allem die Ligero-Serien haben es in sich. Einsteiger sollten sich dessen bewusst sein.

Zigarre der »Nico Puro«-Serie von Alec Bradley

CAO (Nicaragua)

Bunt, bunter, CAO. Das liegt nicht zuletzt am Gründer der Marke, Cano A. Ozgener, einem armenischen Einwanderer, der eigentlich nur Meerschaumpfeifen aus seiner Heimat in die USA importieren wollte und schließlich ein riesiges Zigarrenunternehmen besaß. Seit den 1990er-Jahren werden die CAO-Zigarren in verschiedenen Serien produziert. Die *CAO Brazilia,* die *CAO Gold* und die *CAO La Traviata* werden von Nick Perdomo in Nicaragua hergestellt. Die anderen bekannten Serien sind honduranischer Herkunft. Alle Zigarren sind Longfiller und werden vollständig per Hand hergestellt. Das spiegelt sich auch in der Herkunft der verwendeten Tabake wider: Kamerun, Ecuador, Connecticut, Dominikanische Republik und Nicaragua sind zu nennen. Mit Liebe und Verstand sind die CAO-Zigarren ein mittelstarkes Erlebnis.

Casa de Torres

Eines der in Deutschland beliebtesten Produkte ist die *Casa de Torres* aus dem Hause Schuster. Die Zigarrenfabrik Schuster in Bünde kann auf eine mehr als 100-jährige Tradition zurückblicken und ist für ihre Eigenständigkeit sowie ihr Traditionsbewusstsein bekannt. Die nicaraguanischen Zigarren werden in enger Abstimmung mit dem Unternehmen im Herkunftsland hergestellt und verfügen in der Classic-Serie über nicaraguanische Tabake mit einem Ecuador-Deckblatt. Die *Edicion Especial* besteht nur aus Tabaken des mittelamerikanischen Landes. Für ihre Herkunft erstaunlich mild und ausgewogen sind die Zigarren immer eine Empfehlung wert.

Casa Magna

Die Zigarren der Marke *Casa Magna* sind schon lange kein Geheimtipp mehr. Dennoch lohnt sich ein Blick auf die Hintergründe dieser Marke. Erst seit 2008 auf dem Markt hat die Robusto mit sagenhaften 93 Punkten direkt den Preis der besten Zigarre des *Cigar Aficionado* gewonnen. Einmalig, denn bei *Casa Magna* handelt es sich nicht um teure Premium-Zigarren, sondern um eine gemeinschaftliche Unternehmung von zwei Meistern der Zigarrenszene: Manuel

Quesada und Nestor Plasencia. Hergestellt werden Sie in Estelí von Plasencias Fabrik Segovia. In die Zigarren kommen ausschließlich nicaraguanische Tabake – das macht sie würzig und vollaromatisch, ohne jedoch allzu stark zu sein.

Castro Puros

Für das 21. Jahrhundert sind die *Castro*-Zigarren konzipiert – eine bemerkenswerte Neuheit auf dem Markt. Die in Deutschland beheimatete Marke ist noch sehr jung, hat sich aber der absoluten Qualität und kompromisslosen Ausrichtung auf den Faktor »Geschmack« verschrieben. Michael Emrich war Manager bei Daimler und hat sich anschließend dem Kaffee zugewandt. Da war dann auch der Sprung zur Zigarre nicht mehr weit. Herausgekommen sind würzige und aromatische Longfiller von ausgezeichneter Machart, die in 2012 einen Neustart mit komplett neuem Blend wagten. Über Geschmack lässt sich eben nicht streiten. Die schlichte und fast ikonische Bauchbinde tut ihr Übriges, um die Zigarren in modernem Gewand erscheinen zu lassen.

Chinchalero

Horizon Cigars ist eine kleine Firma aus London, die von den ehemaligen General-Cigar-Managern John Atherton und Richard Laing gegründet wurde, nachdem sich General Cigar aus London zurückgezogen hatte. Neben den *Chinchaleros* stammen auch die Zigarren der Marke *La Rica* von diesem Unternehmen. *Chinchalero*-Zigarren bieten Qualität zum kleinen Preis – Alltagszigarren könnte man sagen. Neben der blauen Classic-Serie gibt es auch noch die rote *Reserva de Oro*. Beide Serien sind eher mild und mit feinen nussigen und frischen Aromen ausgestattet. Die Formatdichte ist beeindruckend, aber besonders die *Novillo Torpedo* sowie die *Novillo* sind durch ihre Kürze und ihren großen Umfang schöne Alternativen für den eher sommerlichen Smoke.

Cumpay

Ein bemerkenswerter Streich von Maya Selva, der »Grande Dame« der Zigarrenwelt. Mit Nestor Plasencia zusammen hat sie diese nicaraguanische Puro entwickelt, in deren Herz ein ganz besonderes Blatt verborgen ist. Nicaragua ist für seine vulkanische Erde bekannt: Den Tabak in direkter Nachbarschaft zu einem – gelegentlich aktiven – Vulkan anzubauen, ist jedoch selbst hier ungewöhnlich. Nur die besten Tabake aus Estelí und dem Jalapa-Tal ergänzen die Mischung dieser Zigarre. Eher für erfahrene Raucher geeignet, da die *Cumpay*-Zigarren über eine gewisse Stärke verfügen und mit den kräftigen Erd- und Schokoladen-Aromen Liebhaber suchen.

Don Pepin Garcia

Die Zigarren von *El Rey de los Habanos,* dem Unternehmen der Familie Garcia, sind die Senkrechtstarter der letzten Jahre. Die Qualität und der Geschmack der Zigarren aus diesem Hause sind bemerkenswert und gleichbleibend hoch. In dieser Marke gibt es drei Serien, alle nicaraguanische Puros: *Blue Label, Black Label* und *JJ,* die auch als *White Label* bezeichnet wird. Die Zigarren werden sowohl in Miami als auch in Estelí, Nicaragua hergestellt. Mehrfach ausgezeichnet sind diese Zigarren eher für erfahrene Raucher ausgelegt, da sie über eine vollwürzige Ausprägung und eine kräftige Stärke verfügen. Die Zigarren von *Don Pepin Garcia* werden übrigens oft auch von eingefleischten Kuba-Fans geschätzt.

Drew Estate

Die Zigarren von Jonathan Drew gehören zu den interessantesten Zigarren, die erst nach 1990 »geboren« wurden. In den USA ist die Marke insbesondere für ihre »Infused«-Zigarren – also Zigarren mit einer Vielzahl von natürlichen, aber auch künstlichen Aromastoffen – bekannt, ein Trend, der es aus verbraucherschutzrechtlichen Gründen nicht nach Europa geschafft hat, denn sämtliche Inhaltsstoffe müssten lückenlos offengelegt werden. Aber auch im Premium-Bereich ist die Marke mit den *Liga Privada's* der Ausprägungen *Unico* und *No.9* vertreten. Jede Zigarre der *Unico*-Linie hat einen eigenen Blend und ist nur in Kleinserie verfügbar. Die *My Uzi weighs a Ton,* die *Undercrown* und die *Larutan* (in den USA: *Natural)* komplettieren das Angebot der Marke mit den zweideutigen Namen, der perfekten Verarbeitung und dem bewusst jugendlich gehaltenen Image. Aber das sollte nicht täuschen: Hier sind leidenschaftliche *Aficionados* am Werk, denen das Produkt am Ende des Tages immer wichtiger ist als das heischen nach Auszeichnungen.

Dunhill Signed Range

Dunhill hat den Anspruch, nur das Beste dieser Welt in seinen Produkten zu vereinen. In dieser Serie bedeutet das: bester nicaraguanischer Tabak, teilweise aus kubanischer Saat gezogen und ein Deckblatt aus Kamerun. Diese Verbindung wurde bei Carlos Torano in Nicaragua erdacht und umgesetzt, um dem Ruhm von Dunhill eine weitere Kerbe hinzuzufügen. Das Deckblatt sorgt für exotische Aromen und macht diese Zigarren so zu einem herausragenden Genuss.

Flor de las Antillas

Eine weitere Marke aus dem Hause Garcia, auch bekannt für die *MyFather-* und *Don Pepin Garcia-*Zigarren. Die Toro der Marke war mit Ehrfurcht einflößenden 96 Punkten Zigarre des Jahres 2012 im *Cigar Aficionado.* Eine solche Wertung ist mehr als selten und spricht für die kompromisslose Qualität dieser Zigarre. Jaime Garcia, der Sohn von José »Pepin« Garcia, zeigt sich als Masterblender der Marke verantwortlich für diese nicaraguanische Puro, die sich nur schwer beschreiben lässt. Eine Besonderheit der Zigarre ist ihre Box-Pressung – es handelt sich hierbei also um eine eckige Zigarre. Ein Trend, der sich mit dieser Zigarre auch langsam in Deutschland verbreitet. Wer die *Flor de las Antillas* raucht, wird sie lieben, eine andere Reaktion hat man bisher noch nicht beobachten können.

Gilbert de Montsalvat

Der Schweizer Raymondo Bernasconi hat diese Marke zusammen mit dem Schriftsteller Thomas Brunnschweiler erdacht. Der namensgebende, adlige Patron der Marke ist keine echte Figur, egal, was Sie sonst so lesen mögen.

Die Marke besteht aus vier Zigarren im Standard-Sortiment und zwei Sondereditionen, die jedoch kaum verfügbar sind, da jeweils nur 250 Kisten für den weltweiten Vertrieb hergestellt werden. Die Einlage der Zigarren besteht aus nicaraguanischem Tabak sowie Tabak aus Panama. Das Umblatt kommt aus der Condega-Region und das Deckblatt ist ein Connecticut Seed aus Ecuador. Das macht die Zigarren zu einem cremig-weichen und nussigen Erlebnis. Abgerundet wird der Mix durch die jährlichen Editionen der *Dominican* und *Revolution Style*.

Jaime Garcia

Die *Jaime Garcia Reserva Especial* ist eine weitere Marke aus dem Kosmos der *MyFather*-Manufaktur des Don »Pepin« Garica. Der Fokus dieser Marke liegt auf Größe und Potenz. Deshalb ist der Genuss dieser Marke eher erfahrenen Rauchern zu empfehlen. »Kleinstes« Format ist eine Robusto; eine Toro, eine Toro Gordo und eine Super Gordo ergänzen das Angebot. Das die letztgenannte ein Ringmaß von 66 hat, sollte die Dimensionen des Genusses verdeutlichen. Die Tabake für Einlage und Umblatt stammen aus Nicaragua, das Deckblatt ist ein Connecticut Broadleaf. Dieses dunkel schimmernde Blatt gibt den Zigarren das edle Aussehen, das sie durch ihre Herkunft verdient haben.

Joya de Nicaragua

Bereits seit 1968 gibt es diese Marke, was sie zur ältesten Marke Nicaraguas macht. Das zeigt sich auch an einem schönen Umstand: Die Classic-Serie ist die offizielle Landeszigarre Nicaraguas, da sie die ersten Puros des Landes waren, die exportiert wurden. Daneben existieren in der in Estelí beheimaten Produktion noch zwei weitere Serien: die *Celebracion* und die *Cabinetta*. Letztere hat eine Beson-

147

derheit: Sie verfügt über ein zweigeteiltes Deckblatt. Während vom Fuß bis zur Bauchbinde ein helles Blatt schimmert, wird von der Bauchbinde bis zum Kopf der Zigarre ein dunkles Blatt verwendet. Das Juwel Nicaraguas hat mit seinen Zigarren einen Einblick in die entstandene Tabakkultur des Landes geschaffen. Damit unterscheiden sich diese Zigarren durchaus von den anderen des Landes.

L'Atelier

Eine Kreation von Pete Johnson, dem Macher der *Tatuaje*-Zigarren. Zusammen mit Freunden, seinem Bruder und der Garcia-Familie hat er diese Zigarren erdacht. Grundlage dieser Zigarre ist das Deckblatt, ein Hybrid aus Criollo- und Pelo-de-Oro-Tabak, der in Ecuador von den Olivas angebaut wird. Er trägt den Namen *Sancti Spiritus*. Bislang (Stand: Ende 2013) sind dies die einzigen Zigarren mit diesem Deckblatt. Aufgrund der weiteren verwendeten nicaraguanischen Tabake sind die Zigarren zwar gewohnt stark, jedoch nicht so stark, dass die Aromen nicht voll zur Geltung kämen.

La Aroma del Caribe

Wenn über Nicaragua als Tabak- und Zigarrenland gesprochen wird, kommt man an Don »Pepin« Garcia nicht vorbei. Auch diese von Ashton in Auftrag gegebenen Zigarren werden in Estelí bei den Garcias hergestellt. Die Zigarren heißen in den USA *La Aroma del Cuba*, in Europa *La Aroma del Caribe*. Einlage und Umblätter stammen aus Nicaragua, die Deckblätter aus Ecuador sind »sun-grown«, das heißt recht dunkel und kräftig in ihrer Würze – klassische Ashton-Qualität aus bestem Hause. Bei der *Edicion Especial* handelt es sich um die »normale« Linie; die *Mi Amor* ist allerdings noch mehr zu empfehlen. Bei Letzterer stammt das Deckblatt aus Mexiko, wodurch der Zigarre eine weitere Ebene hinzugefügt wird, die den Genuss noch steigert – sofern dies auf diesem Level der Kunstfertigkeit überhaupt möglich ist.

La Ley

»Das Gesetz«, ein strenger Name für eine sehr schöne, mittelstarke und ausgewogen konzipierte Zigarrenmarke aus Estelí. Didier Houvenaghel und A. J. Fernandez zeichnen verantwortlich für diese Kreation, die erst seit 2013 auf dem Markt ist. Doch darf man den Namen auch gerne als Aufforderung verstehen: einfach und doch komplex, ausgewogen und fein ausbalanciert – so transportiert der Rauch dieser Zigarren ein Aroma, wie es sein sollte. Der Erfolg gibt den Machern recht: Bei der perfekten Verarbeitung und dem Auftreten eines Kunstwerks ist dies kein Wunder, sondern harte, ehrliche Arbeit. Zudem ist ein Tabakblatt der Mischung beigesetzt, dessen Ursprungsland auf keinen Fall verraten werden darf. Probiertipp!

La Meridiana

Diese Marke hat ihre Ursprünge im Kuba des ausgehenden 19. Jahrhunderts und ist im Laufe der Zeit leider in Vergessenheit geraten. Dem Schweizer Unternehmen Villiger ist es zu verdanken, dass die Marke seit einigen Jahren wieder zu neuem Leben erwacht ist. Heute wird sie in Estelí hergestellt, ohne dabei ihre Tradition zu vergessen. In dieser Zigarre kommen fast nur Tabake zur Anwendung, die aus kubanischer Saat gewonnen werden. So ergibt sich ein Aroma, das an die alten *Habanos* erinnert und damit eine fast vergessene Epoche der Zigarrenkunst zurückbringt.

La Reloba

Die Marke von Jaime Garcia, erst seit 2010 auf dem weltweiten Markt, erfreut sich einer begeisterten Anhängerschaft von *Aficionados*. Drei Serien bilden das Gerüst dieser Marke: *Seleccion Sumatra, Seleccion Mexico* und *Seleccion Habano*. Bei den beiden ersten gibt der Name die Herkunft des Deckblattes an, bei der letzten ist das Deckblatt eine *Habano*-Saat aus Ecuador. Allen Serien gemein ist, dass sie eine eher mittlere Stärke und Würze aufweisen, wodurch vor allem die *Seleccion Habano* zu einer guten Einstiegsmöglichkeit in die Welt der nicaraguanischen Zigarrenwelt wird. Aufgrund eines Markenrechtsstreits wurde diese Serie leider in Deutschland eingestellt.

My Father

Die Zigarren der Marke *My Father* sind eine Reminiszenz an José »Pepin« Garcia von seinem Sohn Jaime Garcia. Sie werden, wie alle Zigarren der Familie, in Estelí hergestellt. Die Marke besteht aus der normalen Linie, den *Cedros de Luxe,* sowie der *Le Bijou 1922,* die noch eine Generation zurückgeht und den Vater des Vaters huldigt.

Die Garcias waren bereits auf Kuba eine bekannte Tabakfamilie, die nach der Revolution nach Nicaragua ging. Vor lauter Tradition sollte aber nicht vergessen werden, dass diese Zigarren absolut perfekt verarbeitete Longfiller mit angenehmsten Aromen sind. Als Einstieg in diese Marke kann man sich des »Samplers« bedienen, einer schönen Möglichkeit, die Marken der Garcias zu probieren. Das Schöne daran ist zudem, dass sich in den »Samplern« häufig Formate verstecken, die in Deutschland einzeln nicht vertrieben werden.

Nicarao

Der Name deutet schon an, dass diese Zigarren Puros sind. Kopf der Marke ist Didier Houvenaghel, ein Belgier, der schon früh nach Kuba ging, um dort zu studieren und seinen Traum einer eigenen Zigarrenmarke in Nicaragua zu verwirklichen. Dies ist ihm mit der *Nicarao* eindrucksvoll gelungen. Die drei Serien – *Classico, Especial* und das Flaggschiff *Puro Exclusivo* – sind in ihrer genauen Zusammensetzung geheim. Einzig bekannt ist, dass alle Tabake aus Nicaragua stammen – natürlich abgesehen vom Sichtbaren: der perfekten Verarbeitung, und bei der *Puro Exclusivo* eines der schönsten und öligsten Deckblätter der Welt. Bei der Masse an Premium-Zigarren aus Nicaragua könnte man langsam ins Grübeln kommen, aber das Land ist tatsächlich mit einem bemerkenswerten Boden und Klima gesegnet.

Nub

Die »Nubs« sind die Essenz der Zigarrenproduktion. So einfach kann man es beschreiben – schließlich heißt »nub« auch nichts anderes als Essenz. Diese letzten 100 Millimeter einer Zigarre sind die Besten, dachte sich auch Sam Leccia, bis 2008 noch für Oliva tätig, und kreierte diese Marke. Zusammen mit den recht großen Ringmaßen ergibt sich eine gute Dreiviertelstunde Rauchgenuss. Die Einlage der Zigarren kommt aus Nicaragua, ist hauptsächlich Ligero und durch die dreifache Fermentation milder und aromatischer als herkömmlicher Ligero-Tabak. Als Deckblätter werden Habano (Ecuador), Connecticut, Cameroon und Maduro verwendet. Die Namen *358, 360, 364* und *366* zeigen die Größen der Zigarren an. Die beiden letzten Zahlen sind das Ringmaß – beeindruckende, kleine dicke Dinger.

Oliva

Die Geschichte der Familie Oliva steht stellvertretend für so viele Familien im Zigarrenbusiness. Dennoch ist sie beeindruckender als so viele andere, oder vielleicht auch nur bekannter. 1886 begann Melanio Oliva in Kuba mit dem Anbau von Tabak. Sein Sohn, Hipolito Oliva, übernahm die Geschäfte seines Vaters und kultivierte die Fähigkeiten der Familie im Tabakanbau. Gilberto Oliva, der Enkel Melanios, richtete den Fokus des Unternehmens schließlich auf den Handel. Allerdings hielt diese Phase nicht lange an, da die Familie mit der kubanischen Revolution das Land verlassen musste. Auf der Suche nach einem geeigneten Platz für den Tabakanbau reisten die Olivas über Honduras, die Philippinen, Mexiko und Panama, bis sie schließlich in Nicaragua fündig wurden. Nach der sandinistischen Revolution mussten sie zwar nochmals zeitweise nach Ecuador ausweichen, heute gehört das Familienunternehmen aber zu den größten Tabakproduzenten der Welt und verfügt zudem über ein großes Portfolio an eigenen Zigarren: z. B. die *Oliva Connecticut Reserve,* die *Oliva Serie G,* die *Oliva Serie O Maduro* oder die verzweigte *Serie V,* die gleichzeitig das Top-Segment der Marke bildet. Die *Serie V Melanio,* zu Ehren des Begründers der Familientradition, ist als Box-pressed-Zigarre das Aushängeschild. Die Süße und Erdigkeit des hier verwendeten Tabaks ist für viele *Aficionados* eine Erweckung.

Padilla

Diese Familiengeschichte ist spannend, denn sie hat nicht nur mit Zigarrengenuss zu tun, sondern mit Kunst im Allgemeinen. Schon die Großeltern der heute verantwortlichen Generation hatte auf Kuba eine Tabakplantage betrieben. Die gegenwärtigen Lenker der Familie, Carlos und Ernesto Padilla, arbeiten heute von Miami aus. Dahin gekommen waren sie, weil ihr Vater, der berühmte kubanische Dichter Heberto Padilla, in den 1980er-Jahren aus Kuba ausreisen musste, da seine Haltung zum kubanischen Regime immer kritischer wurde. Erst 2003 gründeten die Brüder ihre Zigarrenmanufaktur, sind seitdem aber für ihre kompromisslose Haltung in Sachen Qualität bekannt. Sie bedienen sich alter, sehr aufwendiger Verfahren aus Kuba – ein Luxus, den sich nicht mehr viele Produzenten leisten. Daraus entstehen streng limitierte Kleinserien, die besonders den Liebhabern kubanischer Zigarren entgegenkommen. Teilweise wird heute auch in Nicaragua produziert. Geblendet wurden einzelne Serien zum Beispiel von Jose »Pepin« Garcia oder Gilberto Oliva, ausgewiesenen Fachmännern der Zigarrenkunst. Speziell für Europa wurde die Serie *Premier Cru* entworfen, die kräftig und pfeffrig daherkommt und einiges Feuer versprüht – eher etwas für den erfahrenen Raucher.

Padrón

Das Schicksal hat dieser Zigarrenfamilie besonders übel mitgespielt, und doch gehört sie heute zu den absoluten Premium-Herstellern. Als José Orlando Padrón 1962 nach Miami kam, hatte er nur einen Traum: Zigarren zu produzieren. 1964 wurde dieser Traum wahr. Nach Nicaragua reiste Padrón erstmals 1967, um vor Ort eine Produktion aufzubauen. 1978 musste er dann miterleben, wie seine Fabrik während des Bürgerkriegs komplett abbrannte und seine eigenen Landsleute auch die Fertigung in Miami zerstörten, weil er zu Verhandlungen über die Freilassung von politischen Gefangenen nach Kuba reiste.

Nachdem die Produktion in Nicaragua endlich wieder aufgebaut worden war, erließ Ronald Reagan 1985 ein Handelsembargo gegen Nicaragua und trieb die Produktion nach Honduras. Erst 1990 konnte die Familie schließlich nach Nicaragua zurückkehren; die Fabrik in Honduras ist seit 2007 stillgelegt.

Heute ist die Familie mit Jorge Padrón, dem Sohn des Gründers, zu einer absoluten Premium-Marke aufgestiegen. Die *Padron Classic* spricht eher Einsteiger an, die *1964 Anniversario* und die *Family Reserve* sind etwas kostspieliger, sodass sich ein Kauf fast nur bei besonderen Anlässen lohnt – auch wenn diese Zigarren in allen Belangen perfekt sind. Übrigens: Padrón ist der bisher erfolgreichste Zigarrenproduzent, was die Bewertungen in *Cigar Aficionado* angeht. In Deutschland fliegen vor allem deren Super-Premium-Linien dafür noch etwas unter dem Radar.

Paradiso

Eine weitere Marke aus dem Kosmos von Ashton, wie die *Aroma del Caribe,* aber von Don »Pepin« Garcia in Nicaragua erdacht und umgesetzt. Diese Marke existiert erst seit 2010, da der Name allerdings Programm ist, erfreut sie sich bereits einer großen Fangemeinde. Der verhältnismäßig moderate Preis für diese komplexen und perfekt verarbeiteten Zigarren macht sie attraktiv für Liebhaber nicaraguanischer Puros. Das karibische Flair kommt besonders bei den Bauchbinden der Zigarren zum Vorschein: Ein bunter Papagei auf goldenem Hintergrund. In den USA sind diese Zigarren unter dem Namen *San Cristobal* erhältlich, dieser darf aber aus wettbewerbsrechtlichen Gründen in Bezug auf kubanische Zigarren in Deutschland nicht geführt werden.

Perdomo

Diese Zigarrenfamilie hatte ebenfalls viel zu durchleiden: Silvio Perdomo, Vater des heutigen Patrons der Familie, Nick Perdomo, hatte in Kuba unter anderem für die H.-Upmann-Fabrik und Partagas gearbeitet. Da er jedoch als Freund des Diktators Baptista galt, wurde er über zwölf Jahre in Gefängnissen gefoltert und erniedrigt. Auch sein Sohn wurde lebensgefährlich verletzt und musste nach Miami auswandern. Erst 1992 fing Nick Perdomo an, aus seiner Garage heraus Zigarren zu produzieren und zu verkaufen. Heute verfügt die Firma über mehrere Serien und produziert in Nicaragua unter anderem die Serien *Lot 23, Patriarch, Exhibicion, 10th Anniversary,* die wirklich exzellenten *20th Anniversary* und *Grand Cru;* zudem kleine Mini Cigarillos und eine Bundle-Linie mit den *Perdomo Fresco.* Alle Serien sind mit verschiedenen Deckblättern erhältlich, »sun-grown« und Maduro, bei einigen Serien auch mit Connecticut-Deckblatt. Perdomo bietet ein breites Angebot, in das sich es sich einzutauchen lohnt.

Plasencia

Nestor Plasencia ist der wahrscheinlich umtriebigste Zigarrenproduzent der Welt. Bei den Produktionen von Maya Selvas hat er seine Finger im Spiel, Rocky Patel lässt bei ihm produzieren und viele weitere Premium-Zigarren kommen aus seinen Fabriken in Nicaragua und Honduras.

Plasencia ist der größte Produzent von Tabak in Nicaragua und besitzt eine Expertise, die Ihresgleichen sucht. Vor allem der erste zertifizierte, organisch angebaute Tabak der Welt, der in der *Reserva Organica* zum Einsatz kommt, ist eine spannende Entwicklung der nächsten Zigarrengeneration in Person von Nestor Andres Plasencia (Junior). Wenn die hiesigen Gesetze nicht so streng wären, dürfte man fast »Bio«-Tabak sagen. Das Schöne an den Zigarren von Nestor Plasencia Senior und Junior ist, dass Sie mit Sicherheit schon die ein oder andere davon geraucht haben, ohne es zu wissen.

Rocky Patel (Nicaragua)

Der Meister der Inszenierung, Rocky Patel, lässt seine nicaraguanischen Serien bei Nestor Plasencia produzieren, darunter seine limitierte Geburtstagszigarre, die *II-XXVI*, die *Private Cellar* sowie die *Freedom*, wobei Letztere eine nicaraguanische Puro ist. Die *Private Cellar* hat zusätzlich ein Connecticut Broadleaf als Deckblatt, und auch insgesamt eine etwas andere Zusammensetzung.

Die interessanteste Frage ist, wie ein Medienanwalt aus Hollywood zum gefeierten Star der Zigarrenbranche werden konnte. Aber wo sonst, als in der Welt der Zigarren, in der so verschiedene Nationen und Charaktere zusammenkommen, wäre eine solche Geschichte denkbar?

San Lotano

Diese Premium-Zigarren stammen aus Estelí, wie so viele Zigarren aus Nicaragua. Verantwortlich für ihre Produktion ist A. J. Fernandez, dessen Mentor kein Geringerer als Alejandro Robaina war. Damit besitzt Fernandez ein unglaubliches Wissen über den Tabakanbau und die Fertigung von Zigarren; und sicher auch einige Geheimnisse, die sonst niemand kennt. Die *San Lotano* sind als Oval, Oval Maduro, Connecticut, Maduro und »H« erhältlich, was für »Habano« steht, aus markenrechtlichen Gründen aber nicht so genannt werden darf. Teilweise sind die Zigarren box-pressed, und mit der *Oval* hat A. J. Fernandez eine ganz neue Form ins Spiel gebracht.

Bei *San Lotano* gibt es eine Menge zu entdecken, nicht zuletzt die besondere Qualität: Diese Zigarren haben eine 93er-Wertung im *Cigar Aficionado* und eine 96er-Wertung im *Cigar Journal* erreicht. Seit 2014 gibt es zudem unter der Marke *Pinolero* eine weitere feine Schöpfung aus den Händen von A. J. Fernandez bei uns zu genießen.

Surrogates

Eine weitere Zusammenarbeit von Pete Johnson und der Garcia-Familie. Das faszinierende an dieser Marke sind die Namen: *Bone Crusher, Skull Breaker, Tramp Stamp* und *Cristal Baller* sind die Bezeichnungen der Premium-Longfiller. Diese sind in ihrer Zusammensetzung unterschiedlich und daher nicht wirklich zu vergleichen. Gemein ist allen vier aber die perfekte Verarbeitung und eine gute Portion Stärke, denn dafür ist Pete Johnson bekannt.

Pete Johnson und Benjamin Patock

Zigarre der Marke »Tatuaje Tattoo« by Pete Johnson

Tatuaje

Tatuaje ist die erste Marke von Pete Johnson, dem ehemaligen Bassisten einer Heavy-Metal-Band, dem Tattoo-Träger aus Leidenschaft und dem Zigarrenverrückten, dem nur das Beste für seine Zigarren gut genug ist. Liebhaber starker Zigarren kommen hier voll auf ihre Kosten: Die *Fausto*-Serie gehört mit zum Stärksten, was in der Zigarrenwelt zu bekommen ist; die *La Seleccion de Cazador* ist etwas entspannter, aber noch immer nichts für Zigarren-Neulinge. Johnson hat die *Tatuaje* zusammen mit José »Pepin« Garcia und dessen Sohn Jaime entwickelt. Dabei haben sich die drei mit ihrem Perfektionismus gegenseitig zu Höchstleistungen angestachelt.

Tres Reynas

Es ist eine schöne Geschichte um das Zigarrenland Nicaragua, die von diesen drei Damen erzählt: Janny Garcia sowie Patricia und Raquel Quesada. Diese drei Königinnen wurden in jeweils sehr einflussreiche Zigarrenfamilien hineingeboren und haben sich mit der *Tres Reynas* bereits ihren Platz in der Zigarrenwelt gesichert. Aber wer denkt schon an die Väter – Don »Pepin« Garcia und Manuel Quesada –, wenn die drei Damen so sympathisch sind, dass sie jede Alt-Herren-Zigarrenrunde aufmischen könnten. Die Zigarren bestehen aus nicaraguanischem Tabak, umhüllt von einem Connecticut Broadleaf. Das ergibt ein Aroma von Schokolade, Nuss und Leder – ein Schelm, wer dabei gleich an Frauen denken muss.

Villiger (Nicaragua)

Neben den bekannten *Villiger*-Zigarren aus der Dominikanischen Republik und Deutschland bietet das deutsch-schweizerische Traditionshaus unlängst auch Produkte aus nicaraguanischer Produktion: Die *Villiger Talanga* ist dabei eher mittelkräftig und mit einem Connecticut-Deckblatt aus dem Talanga-Tal versehen. Die *Villiger Colorado* ist hingegen etwas kräftiger. Als Besonderheit wurden hierbei gleich zwei nicaraguanische Umblätter verarbeitet.

Interview mit José Orlando Padrón

Es ist uns eine große Ehre, dass Sie sich Zeit für unser Interview nehmen. Stellen Sie sich unseren Lesern bitte kurz vor?

Ich heiße José Orlando Padrón und wurde 1926 in Kuba geboren, in der Nähe von Pinar del Rio, wo meine Familie seit zwei Generationen schon mit Tabak arbeitete. Mein Großvater kam in den 1850er-Jahren von den Kanarischen Inseln nach Kuba. Damals war er noch ein Kind.

Was würden Sie als ihre wichtigsten persönlichen Werte beschreiben?

Ehrlichkeit und Bescheidenheit.

Welches Bild kommt Ihnen als Erstes in den Sinn, wenn Sie an Zigarren denken?

Es erinnert mich an die großartigen Zigarren, die ich in Kuba rauchte und gleichzeitig an die Zukunft unserer Firma.

Können Sie sich noch an Ihre erste Zigarre erinnern? Wann war das? Welche Zigarre? Welche Situation?

Als ich damals auf Kuba aufgewachsen bin, wurde es aufgrund der traditionalistischen und konservativen Gesellschaft für jüngere Leute als unhöflich angesehen, vor ihren Eltern zu rauchen. Als ich in diesem Alter war, wollte ich unbedingt auch eine Zigarre rauchen. Ich ging daher eines Tages in eine unserer Trockenhallen, rollte meine erste Zigarre aus unserem eigenen Lagertabak und kletterte dann bis auf zehn Meter hinauf unters Dach. Ich erinnere mich daran, dass mein Vater hereinkam und ich mich ganz leise und ruhig versteckte, um nicht gesehen zu werden.

Der Rest ist ein echtes Zigarrenmärchen. Padrón-Zigarren gehören heute zu den meistgeschätzten der USA. Was waren die größten Erfolge und/oder Misserfolge auf dem Weg?

Mein größter Erfolg war es, in die USA zu kommen und dort die Zigarrenfirma aufzubauen, von der ich geträumt hatte. Mein größter Misserfolg war es, eine Revolution zu unterstützen, die mich nach ihrem Sieg dazu Zwang, Kuba zu verlassen, um mein Leben zu retten.

Padrón ist Genussrauchern weltweit ein Begriff. Bestehen denn Unterschiede, wie Ihre Zigarren in verschiedenen Ländern angenommen werden? Wie ist es in Deutschland?

Man kann unsere Zigarren heute in mehr als 75 Ländern kaufen und ich bin fest davon überzeugt, dass die meisten anspruchsvollen Raucher in aller Welt eine Padrón-Zigarre zu schätzen wissen. Viele dieser Raucher kommen übrigens aus Deutschland.

Welche war die beste Zigarre, die Sie je geraucht haben? Welche die Schlechteste?

(lacht): In meinem langen Leben habe ich viele schlechte Zigarren geraucht. Aber ich habe auch so viele gute Zigarren geraucht, dass ich heute noch die Hitze der Glut an meinen Fingern spüre, als ich sie schließlich weglegen musste.

Wie wurden Sie ein Teil der Zigarrenindustrie?

Ich gehöre zur dritten Generation einer Tabakbauern-Familie auf Kuba. Alles, was ich heute erreicht habe, verdanke ich meinen Eltern. Jeden Tag, nachdem ich aus der Schule gekommen war und meine Hausaufgaben erledigt hatte, musste ich noch auf der Farm aushelfen, aufräumen, sauber machen und mich schließlich auch um die Setzlinge kümmern. Das war mein erster Job. Wir mussten alles lernen, was für die Produktion von hochklassigem Tabak wichtig war: Anpflanzen, Aufzucht, Ernte, Fermentation – eben alles.

Als ich dann nach einigen Umwegen in Miami landete, konnte ich dort keine Zigarren mit dem Geschmack finden, den ich aus Kuba gewohnt war. Damals gab es nur einen ganz milden Blend aus den Philippinen, der nicht wirklich viel Geschmack hatte. Ich dachte mir, dass es bestimmt viele kubanisch-stämmige Leute in Miami geben muss, die das gleiche Problem wie ich hatten und nicht die Zigarren fanden, die sie eigentlich rauchen wollten. Alles was ich zu tun hatte, war Geld zu finden, um meine eigene Fabrik zu eröffnen, und schließlich Zigarren mit kubanischen Blends anzubieten, die wir von Kuba gewohnt waren.

Ich verdiente das benötigte Geld bei verschiedenen Jobs, tagsüber als Gärtner, nachts als Schreiner. Ein Freund hatte mir damals extra einen Hammer geschenkt. So war ich schließlich in der Lage 600 US-Dollar zu sparen und am 29. Mai 1964 meine eigene Fabrik zu eröffnen. Am 8. September verkaufte ich schließlich meine ersten 25 Zigarren.

Wie muss man sich einen typischen Arbeitstag bei Ihnen vorstellen?

Ein typischer Tag startet damit, dass ich in unser Büro in Miami gehe und mich mit den tagtäglichen Entscheidungen befasse, die bei der Arbeit anfallen. In Nicaragua gehe ich als erstes auf unsere Farmen in Jalapa, 100 Kilometer nördlich von Estelí, oder in Villa Vieja, Jazmin und Cuatro Hermanos, in der Nähe von Estelí. Dort überprüfe ich die Fermentation und die Reifekammern sowie das Zigarrenrollen.

Was macht Ihnen an ihrem Job am meisten Spaß?
Und was am wenigsten?

Am meisten Spaß macht es, dass ich so viele Leute kenne, die unsere Zigarren wirklich genießen und mit ihnen rundherum zufrieden sind. Am wenigsten Spaß macht es mir, wenn ich zu lange aus den Fabriken oder dem Büro weg bin.

Was ist Ihrer Meinung nach die perfekte Drink-Zigarren-Kombination?

Dimple Pinch und eine Padrón-Zigarre.

Sie wollten damals im Grunde eine kubanische Zigarre
für Kubaner machen. Ist Ihnen das gelungen?

Nein. Kuba wird immer Kuba bleiben. Wir haben versucht, den Geschmack der »alten« kubanischen Zigarren wiederentstehen zu lassen. Wir sind nahe dran, produzieren wirklich sehr gute Zigarren, würde ich sagen, können aber Kuba nicht ersetzen. Und wollen es auch nicht. Ich wollte vor allem exzellente Zigarren produzieren. Das ist uns gelungen – bis heute.

Was sind die Hauptanbauregionen in Nicaragua? Und was ist das
Geheimnis, um aus diesem Tabak eine gute Zigarre zu rollen?

Estelí, Jalapa und Condega liefern exzellenten Tabak. Andernorts wird auch Tabak angebaut, aber dieser ist der Beste. Wir hatten zum Beispiel auch eine Zeit lang mit mexikanischem Tabak gearbeitet. Ich bevorzuge aber diese drei Regionen. Das Geheimnis ist, dass zwar jeder diese drei Regionen kennt, aber keiner weiß, wie wir den Tabak von diesen Farmen für unsere Zigarren zusammenmischen.

Nicaragua ist ja vornehmlich bekannt für sehr starken Tabak.
Ist das auch ein Geheimnis dieses Terroirs?

Jeder kann eine starke Zigarre machen. Wenn es nur um Stärke geht, kann man auch die rohen Blätter rauchen. Die sind richtig stark. Das ist also nicht schwer. Es ist viel wichtiger, die richtige Zusammensetzung von Stärke und Geschmack zu finden. Das ist doch das Schwierige, und das schafft auch nicht jeder.

Die Padrón-Zigarren sind durchweg box-pressed. Warum ist das so?

Ich wollte sie so machen, wie ich sie aus Kuba kannte. Heute ist es fast so etwas wie unser Markenzeichen, auch weil die meisten Zigarren eben rund sind.

Würden Sie nach Kuba zurückgehen, um dort Zigarren
zu produzieren, wenn die Möglichkeit bestünde?

161

Alles ist möglich. Der kubanische Boden und das Klima sind einmalig. Nicht überall auf Kuba lässt sich guter Tabak anbauen, aber manche Gegenden sind wirklich perfekt. Das gleiche in Nicaragua. Manche Gegenden liefern einfach keinen guten Tabak, andere hingegen schon.

Nicaragua ist so etwas wie der aufsteigende Stern am Zigarrenhimmel. Wie erklären Sie sich diesen Erfolg?

Das liegt zum großen Teil auch an der Arbeit, die wir hier geleistet haben.

Ihre »Anniversary«-Linie bekommt regelmäßig Höchstnoten von den Zigarrenmagazinen. Leider sind sie auch sehr teuer, oder?

Wir haben mit unserer Classic-Linie auch Zigarren, die wirklich für jedermann erschwinglich sind. Wir haben den Preis der Classic auch nicht wirklich angehoben in den letzten Jahren. Als wir sie 1993 eingeführt haben, wollte sie keiner kaufen, weil die Leute dachten, sie wäre so günstig, weil sie nicht gut ist. Aber viele Raucher verstehen heute, dass der Geschmack wichtig ist und nicht der Preis. Und wir wollen in diesem Preissegment die besten Zigarren anbieten.

Die *Anniversary* ist eine Zigarre für Raucher, die sie sich auch leisten möchten. Die Produktion ist immer sehr klein und deshalb auch schnell vergriffen, weil nur unser bester Tabak verarbeitet wird. Wenn es in einem Jahr mal nicht genügend Tabak für die *Anniversary* gab, dann produzieren wir auch weniger oder gar keine.

Was ist denn das Geheimnis der perfekten Zigarre?

Das Geheimnis ist die perfekte Tabakmischung, und dass man nur Tabak der höchsten Qualitätsstufen benutzt. Um Tabak von bester Qualität zu bekommen, ist es nötig, jeden Schritt zu kontrollieren: vom Setzen der Saat in den Boden, bis zur Übergabe der fertigen Zigarre an den Raucher. Der Tabak muss immer perfekt fermentiert werden. Dabei ist es ein Fehler, wenn zu viele Marken in einer Fabrik produziert werden. Qualität muss immer über Quantität stehen.

Ich mache alle Zigarren im Endeffekt für mich selbst. Da ich aber nicht alle selbst rauchen kann, verkaufen wir sie auch. Und das auch sehr gerne nach Deutschland. Auch hier gibt es viele Raucher, die von unserer *Anniversary*-Linie begeistert sind.

Wir danken vielmals für das tolle Interview!

San Pedro Sula

Sava

Rio Patuca

Copan

Talangatal

Tegucigalpa ✪

Jamastran Tal

⬡ Tabakanbaugebiet

Honduras

Honduras wartet mit einem großen Reichtum an traditionsreichen Zigarren-Manufakturen auf, die sowohl preiswerte Puros als auch exzellente Premium-Zigarren produzieren – würdige Vertreter der alten Maya-Tradition.

Das größte Anbaugebiet des Landes bildet der Bundesstaat El Paraíso, ein bergiges Gebiet an der Südgrenze zu Nicaragua, womit es in unmittelbarerer Nachbarschaft zu Nueva Segovia und Estelí liegt, den nicaraguanischen Anbauregionen für besten Tabak. El Paraíso liegt im Schnitt 800 Meter über dem Meeresspiegel und drückt das tropische Klima des Landes so auf kühle 20 °C im Jahresmittel. Neben diesen hervorragenden Wetterbedingungen bieten die verschiedenen Täler auch besonders fruchtbare Böden. Diese idealen Bedingungen werden noch von der jahrhundertealten Tradition des Tabakanbaus geziert, denn schließlich begannen bereits die Maya in Honduras Tabak anzubauen. Auch das Gebiet um die Ruinen von Copan wird noch heute für die Produktion exzellenter Zigarren bewirtschaftet.

Alec Bradley

Alec Bradley gehört als Marke zu den Senkrechtstartern des letzten Jahrzehnts. Benannt nach seinen beiden Söhnen wird diese Marke von Alan Rubin verantwortet. Mit der *Prensado Churchill* hat die Marke bereits eine Zigarre des Jahres (2011) im *Cigar Aficionado*. Die Zigarren verfügen über eine gute Würze und ein großes Maß an verschiedenen Aromen zu guten Preisen. In Deutschland ist durch den Einsatz von Thorsten Wolfertz mittlerweile eine Vielzahl von Serien für jeden Geschmack verfügbar, die alle sehr gut sind. Stellvertretend sei die *Black Market*-Serie genannt, die in besonderen Kisten geliefert wird und zu den angenehmsten Entdeckungen des Jahres 2013 gehörte.

Camacho

Simon Camacho hat die Marke 1961 in Miami gegründet und einfach nach sich selbst benannt. Er erlangte schnell Bekanntheit für seine Produkte und selbst Winston Churchill rauchte seine Zigarren. Nach seinem Tod übernahm die Familie Eiroa die Produktion und verlegte sie 1995 nach Honduras. Auch die Eiroas haben, wie Camacho, kubanische Wurzeln und eine Tradition im Tabakgeschäft.

2008 wurde die Marke von der Oettinger Davidoff Group übernommen. Die Geschäfte führte bis vor kurzem aber immer noch ein Eiroa: Christian Eiroa, der sich aber inzwischen mit der Marke CLE selbständig gemacht hat. Eine Besonderheit der Marke ist die *Triple Maduro,* wo nicht nur das Deckblatt nach dem Maduro-Verfahren fermentiert wurde, sondern auch Umblatt und Einlage. Eine einmalige Sache auf dem internationalen Zigarrenparkett. Zusätzlich sind noch die Serien *Camacho Criollo* und *Camacho Corojo* auf dem deutschen Markt vertreten. Im Jahr 2014 gab es bei Camacho ein großes Re-Design unter dem Label *Bold,* bei dem nicht nur die Aufmachung, sondern auch die Blends neu erschaffen wurden.

CAO (Honduras)

In Honduras werden folgende Serien des CAO-Portfolios hergestellt: *CAO Italia, CAO MX2* und die *CAO OSA.* Die Geschichte von CAO kann unter Nicaragua nachgelesen werden (s. S. 143), hier soll es ausschließlich um die Zigarren gehen. Die *CAO Italia* besteht in der Einlage aus peruanischen, nicaraguanischen und italienischen Tabaken. Umblatt und Deckblatt kommen aus Honduras. Der italienische Tabak hat kubanische Vorfahren, wird aber nun schon seit über 40 Jahren in der Provinz Benevento angebaut. Bei der *MX2* wird es noch komplexer: Die Einlage kommt aus Peru, Nicaragua, Honduras und der Dominikanischen Republik. Das Deckblatt ist ein Connecticut Broadleaf Maduro und das Umblatt ein brasilianisches Maduro, was den Namen der Serie erklärt. Die *CAO OSA* war der größte Erfolg der letzten Jahre: mittelstark und wunderbar ausgewogen im Aroma, zusätzlich frisch in grün, weiß und schwarz. Die Einlage kommt aus Nicaragua und Honduras, das Umblatt ist ein Connecticut Broadleaf und das namensgebende Deckblatt ein Olancho San Augustin. Dort werden die Blätter exklusiv für diese Zigarre kultiviert. Ein Hauch von Internationalität zieht durch die CAO-Welt.

CAO-Masterblender Rick Rodriguez und Benjamin Patock

Carlos Toraño

Die Toraños sind eine weitere kubanische Tabakbauernfamilie, deren Anfänge im Tabakanbau bis 1916 zurückreichen. Bis 1959 hatten sie es auf 17 Plantagen gebracht, mussten im Zuge der Revolution aber in die Dominikanische Republik auswandern. Dort wurde die Tradition weitergeführt. Bald hatte die Familie Plantagen in Mexiko, Nicaragua und Ecuador und begann langsam, auch Zigarren zu produzieren.

Heute kommen die meisten der *Toraño*-Zigarren aus Honduras, einige auch aus Nicaragua. Wenn möglich, sollte man sich durch das gesamte Sortiment rauchen. Vor allem der 90+-Sampler sei jedem ans Herz gelegt: Darin sind fünf Zigarren enthalten, die jeweils 90 oder mehr Punkte im amerikanischen *Cigar Aficionado* bekommen haben – eine beeindruckende Bilanz.

Flor de Copan

Diese Marke ist nach einer einst bedeutenden Maya-Siedlung in Honduras benannt. Sie hat keine große Geschichte und keine besonderen Vorkommnisse in ihrer Vita, dennoch gibt es etwas Besonderes an diesen Zigarren. Die *Flor de Copan* überzeugt durch sich selbst und ihr überzeugendes Preis-Leistungsverhältnis. Zudem gibt es mit der *Linea Puros* auch eine regionale Puro-Zigarre – keine Selbstverständlichkeit. Neben der bereits erwähnten Serie gibt es noch die *Claic*-Linie und eine *Maduro*-Linie, die jeweils mit einem gesunden Reichtum an Formaten gesegnet sind, darunter eine Gordito, bei der man nur schmunzeln kann, so seltsam wirkt dieses Format. Die eher milden bis mittelstarken Longfiller sind immer einen Smoke wert.

Flor de Selva

Maya Selva, die »Grande Dame« des Zigarrenbusiness, ist Urheberin dieser feinen Marke aus Honduras. Zusammen mit Nestor Placensia hat sie diese Zigarren konzipiert und hergestellt. Heute gehören die vielen Formate zu den beliebtesten Zigarren aus Honduras. Neben der überragenden Qualität und dem erlesenen Geschmack der Zigarren sind besonders das Kisten-Design und die Bauchbinde zentral. Denn bei Maya Selva wird nichts dem Zufall überlassen, und das merkt man.

Die Geschichte von Maya Selvas trägt ihr Übriges dazu bei, den Mythos der Zigarrenwelt als universales Verständigungsmittel zu kultivieren. In Frankreich geboren, kam sie als Kind über ihren honduranischen Großvater mit Zigarren in Kontakt und wollte diese später nach Frankreich importieren. Die Zigarren in Honduras genügten den Ansprüchen Mayas jedoch nicht und so lernte sie die Kunst der Zigarrenherstellung, um eine eigene Linie zu kreieren. Durch Zufall lernte sie Nestor Plasencia kennen – und ab da ist die Geschichte ein Selbstläufer.

Benjamin Patock und Maya Selva

J. Fuego

Bereits 1876 begann die Familie Fuego mit dem Tabakanbau, natürlich auf Kuba. Erst 1995 wanderten die Fuegos aus und ließen sich schließlich in Honduras nieder. Dort wurde weiterhin Tabak angebaut, Auftragsarbeiten für andere Firmen kamen hinzu. Erst 2005 rief Jesus Fuego die Zigarrenfirma ins Leben – nicht aus Profitgier oder Selbstdarstellungsdrang, sondern weil er Lust dazu hatte.

Die Zigarren aus seiner Produktion sehen nicht perfekt aus, sie schmecken aber. Und genau daran erinnert uns diese Marke: Nicht auf das Äußere kommt es an, der Abbrand und der Geschmack zählen. Zwei Serien sind aktuell verfügbar: die *Sangre de Toro* und die *Origen*. In beiden gibt es die sogenannten Originals – kleine, vollkommen unregelmäßige Dinger. Obwohl die Zigarren in Honduras gefertigt werden, besitzt die erste Serie ausschließlich nicaraguanischen Tabak; bei der zweiten Serie kommt zumindest ein Teil der Einlage aus Honduras, der Rest aus Nicaragua, das Umblatt stammt aus Costa Rica und das Deckblatt ist ein brasilianisches Cojoro.

La Libertad

Was die Garcia-Familie für Nicaragua, ist Nestor Plasencia für Honduras: das bestimmende Element. Diese Marke wurde vollständig vom Senior konzipiert und umgesetzt. Die Mischung besteht aus nicaraguanischem und honduranischem Tabak in der Einlage; das Umblatt kommt, ebenso wie das Deckblatt, aus Honduras.

Maria Mancini

Niemand Geringeres als Thomas Mann war Liebhaber der *Maria Mancini*. Allerdings nicht in der wirklichen Welt, »nur« sein Roman-Held Hans Casdorp aus dem *Zauberberg* hat die Zigarren mit dem wohlklingenden Namen geraucht. Der Name geht auf eine historische Figur zurück: Die echte Maria war Mätresse von Ludwig XIV.

Dem deutschen Tabakproduzenten August Schuster ist es zu verdanken, dass diese Zigarren wieder ihren Weg auf das internationale Parkett gefunden haben. Dabei wurde auf den würzigen honduranischen Tabak zurückgegriffen – eine gute Wahl. Im Angebot gibt es auch eine Figurado mit dem Namen *Magic Mountain*, Tradition »at it's best«. Besonders die Jahreseditionen, 2011 eine *Corona Maduro* und 2013 eine *Robusto Maduro*, können in ihrer Komposition Welten erschaffen, die auch einen Thomas Mann mit Stolz erfüllt hätten.

Rocky Patel

1961 erblickte in Indien Rakesh Patel das Licht der Welt. Ob seine Eltern damals schon wussten, welch herausragende Karriere ihr Sohn einmal einschlagen würde? Zunächst wurde er Medienanwalt für

Hollywood-Größen wie Gene Hackmann oder Arnold Schwarzenegger. Da Letzterer auch für seinen Zigarrenkonsum bekannt ist, kam Rocky Patel ebenfalls damit in Verbindung. Eines Tages schmiss er dann einfach hin, ging nach Honduras und lernte bei Nestor Plasencia die Kunst der Zigarre.

Danach ging alles ganz schnell: Durch einen Zufall fand Rocky einen »Schatz« mit altem Tabak, der in seine Serien *Vintage 1990* und *Vintage 1999* eingeflossen ist. Hinzu kamen die Serien *Sun-Grown, Edge, Edge Lite* und 2011 die *Fifty*. Bei diesen Zigarren ist viel Inszenierung, was jedoch nicht darüber hinwegtäuschen sollte, dass ihre Substanz hervorragend ist.

Villa Zamorano

Von niemand Geringerem als Maya Selva kommt die Bundle-Ware *Villa Zamorano*. Dabei handelt es sich um eine honduranische Puro, das heißt, alle verwendeten Tabake stammen aus dem mittelamerikanischen Land. Der besonders geringe Preis und der einzigartige Geschmack machen diese Zigarre zu mehr als nur einem Geheimtipp: Davon sollte man ein Bundle im Humidor haben, immer!

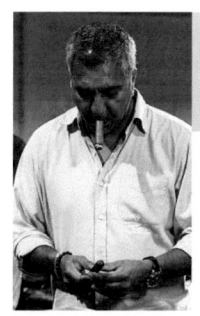

Interview mit Rocky Patel

In Deutschland sind Ihre Zigarren ein fester Begriff. Bitte stellen Sie sich uneren Lesern kurz vor.

Ich bin Rocky Patel, Gründer und Namensgeber von Rocky Patel Premium Cigars. Ich bin leidenschaftlich, lustig, freundlich, fürsorglich und ein Perfektionist.

Welche Werte kommen Ihnen in den Kopf, wenn Sie an Zigarren denken?

Kunst, Leidenschaft, Liebe, Geschmack und Qualität.

Können Sie sich noch an Ihre erste Zigarre erinnern?

Ja! Ich war in Cleveland, Ohio auf dem Filmset zu einem Film namens *Double Dragon*. Ich rauchte eine *Macanudo Prince Philip*. Sie bauten gerade ein Set auf einem Fluss, in der Szene sollte der Fluss Feuer fangen. Also warteten alle Schauspieler und rauchten dabei Zigarre – und ich bin einfach mit eingestiegen.

Wie muss man sich einen typischen Arbeitstag bei Ihnen vorstellen?

Nun ich bringe so viel Leidenschaft in diese Industrie ein, weil ich die Kunst des Zigarrenmachens liebe. Ich bin im Endeffekt an über 300 Tagen im Jahr auf Achse, um unsere Kunden kennenzulernen – einen nach dem anderen. Ich bin zudem sehr in die Gesetzgebung in Bezug auf Tabak involviert und kämpfe für die Rechte der Zigarrenraucher.

Was macht Ihnen an diesem Job am meisten Spaß?
Und was am wenigsten?

Ich mag es, Zigarren mit Freunden auszutauschen und neue Leute kennenzulernen. Ich mag es allerdings weniger, so viel zu reisen, zu packen, um dann wieder auszupacken. Meine Beziehungen zu Freunden und Familie leiden manchmal etwas darunter, dass mein Reiseterminplan so fordernd ist.

Was war Ihr größter Erfolg bislang? Was der größte Misserfolg?

Mein größter Erfolg war die Einführung der *Edge*-Zigarren im 100er-Kasten. Mein größter Misserfolg war, dass es mir nicht gelungen ist, andere Produzenten in der Branche davon zu überzeugen, sich mehr in die politischen Aspekte unseres Geschäfts einzubringen. Ich hatte blindes Vertrauen in die großen Firmen, dass sie immer die richtigen Dinge zum Wohle aller machen würden. Das war aber nicht der Fall. Ich habe daraus gelernt, dass man sein Schicksal eher in die eigenen Hände nehmen sollte, als es anderen zu überlassen.

Was macht Honduras als Anbaugebiet so besonders?

Honduras bietet einzigartige Bodengegebenheiten, Temperaturen, Luftfeuchtigkeit, Sonnenlicht und viele andere Faktoren, die den speziellen Geschmack des Tabaks beeinflussen. Der Boden ist geradezu vorbestimmt für süße und komplexe Noten im Tabak, was dem Geschmack und der Ausgewogenheit einer Zigarre zugutekommt.

Wir produzieren 80.000 Zigarren am Tag in Honduras und Nicaragua, mischen dabei allerdings den honduranischen Tabak mit dem aus anderen Anbaugebieten. Dieser Prozess dient dann dazu, einen einmaligen, reichhaltigen und komplexen Geschmack zu erzielen, den man aus einzelnen Anbaugebieten eben nicht herauskitzeln kann. Für unsere *Decade,* die eine 95-Punkte-Bewertung von *Cigar Aficionado* bekam, nutzen wir Tabake aus Honduras und Nicaragua sowie ein Deckblatt aus Ecuador – und eine geheime Einlage, die ich aber nicht verrate.

Welches sind die Hauptanbaugebiete und wie unterscheiden sie sich?

Die Hauptregionen sind Jamastran, Talanga, Copan und Augustine. Wir nutzen Deckblätter, Umblätter und Einlage aus diesen Gebieten. Eine gute Zigarre zu mischen, braucht dabei allerdings Zeit. Ich nehme zum Beispiel ein Deckblatt aus Talanga, ein Stück Viso-Einlage aus Jamastran, eine Ligero-Einlage aus Jalapa und eine Seco aus Condega, dazu ein Brasil-Umblatt. Ich schaue mir gut 100 verschiedene Blends an, bevor wir eine Zigarre schließlich zum Verkauf anbieten. Das braucht eine Menge Arbeit, Liebe und Leidenschaft.

Gibt es Unterschiede in den Tabaken der oben genannten Regionen?

Jede Region bringt Tabak mit besonderen Eigenschaften hervor. Es ist wie beim Wein. Ich habe die Einflüsse ja bereits erwähnt: Boden, Temperatur, Luftfeuchte, Sonne oder keine Sonne, kein Regen oder zu viel Regen. Viel Sorgfalt ist also nötig, um großartige Zigarren zu machen.

Wie ist der typische Geschmack von honduranischem Tabak,
wenn es sowas denn gibt?

Das typische Aroma ist eher süß und hat leicht würzige Untertöne. Wir produzieren zum Beispiel unsere Serie *Edge* in Honduras. Sie ist eine von unseren größten Erfolgen – nicht zuletzt durch den einmaligen Geschmack der honduranischen Einlage.

Wie sollten sich Einsteiger an die Welt der honduranischen Zigarren herantasten?

Beginner sollten eine Zigarre wählen, die eine ausgewogene Süße und eher unterschwellige Würze besitzt. Meine *Rocky Patel Vintage 1990* ist zum Beispiel ein einmaliger Blend, für den ich viel Zeit aufgewendet habe. Das Ergebnis ist wirklich superb. Sie hat ein zwölf Jahre altes honduranisches Broadleaf-Deckblatt und ist einer meiner Bestseller. Für den deutschen Markt produziere ich diese Zigarre in runder Form, wohingegen sie in den USA als box-pressed angeboten wird. Sie hat übrigens damals mit 92 Punkten die höchste Bewertung für eine nicht-kubanische Zigarre bekommen. Und das will etwas heißen.

Welche honduranische Zigarre sollte jeder unbedingt einmal probiert haben?

Das kommt ganz auf die Person an, da jeder Geschmack etwas anders ist. Bevor man eine Zigarre empfehlen kann, versuche ich herauszufinden, welche Art von Aromen und Stärken bevorzugt werden und welche Zigarre im Moment gerade geraucht wird. Dann versuche ich eine von meinen Serien zu empfehlen. Von den honduranischen Zigarren sind das für Einsteiger vor allem die *Vintage 1990* und die *Edge Lite,* für Gelegenheitsraucher die *Rocky Patel Sun Grown* und für die Anspruchsvollen die *Decade* sowie die *Edge Maduro.*

Wo sehen Sie die Hauptunterschiede zwischen honduranischem und nicaraguanischem Tabak?

Der Boden in Honduras ist rotbräunlich und sehr erdig. In Nicaragua ist er hingegen braun bis schwarz, vulkanisch und sehr mineralhaltig. Er enthält viel Magnesium und Kalium. Durch das Zusammenspiel von Boden, viel Sonne und hoher Luftfeuchtigkeit werden die

Tabakblätter sehr dunkel. Der nicaraguanische Boden bringt also viel Stärke, gutes Brandverhalten und sehr weiße Asche hervor. Dazu kommen sehr würzige und ursprüngliche Aromen.

Welche Rolle können honduranische Zigarren in Deutschland spielen? Hierzulande scheint ja viel auf Kuba fixiert.

Immer wenn ich in Deutschland bin, spreche ich mit den Händlern und Rauchern vor Ort. Dort bekomme ich immer die gleiche Geschichte erzählt, nämlich dass in jeder 25er-Kiste *Habanos* im Grunde 6–7 Zigarren nicht ordentlich ziehen und unrauchbar sind, dass die Verarbeitung schlecht sei, sie weiße, grüne oder schwarze Flecken habe oder große Blattadern. Und dass du jede Kiste, die du kaufst, erst Jahre nachreifen lassen musst, bevor du sie wirklich rauchen kannst. Die Antwort darauf sind unsere enormen Anstrengungen bei der Qualitätskontrolle jeder einzelnen *Rocky Patel*. Ihr solltet Euch das mal ansehen, es ist wirklich enorm. Checkt einfach meine Webseite auf *rockypatel.com* und seht euch die Videos an. Oder besser noch: Kommt vorbei und besucht uns auf unseren Farmen und in unseren Fabriken.

War das eine Einladung? Was erwartet uns denn vor Ort?

Absolut! Der Trip ist es absolut wert, um einmal mit eigenen Augen zu sehen, wie viel Liebe und Leidenschaft in jede einzelne Zigarre fließt. Vielleicht wisst ihr es nicht, aber uns besuchen im Jahr über 2.000 Leute auf unseren Farmen und machen die Tour durch unsere Fabriken. Ich lade gerne alle Leser ein, uns zu besuchen. Wir übernehmen grundsätzlich alle Kosten hier vor Ort, man braucht nur noch ein Flugticket nach Honduras. Es gibt eine Bus-Tour, drei Mahlzeiten am Tag, alkoholische und nicht-alkoholische Getränke, einen Pool zum Entspannen und sogar die Möglichkeit, eine eigene Zigarre zu blenden. Und darüber hinaus erfährt man so viel über Zigarren, wie vielleicht im ganzen Leben nicht. Fragt einfach die Autoren dieses Buches, falls ihr Interesse an der Tour habt. Sie stellen dann den Kontakt her.

Erinnern Sie sich noch an Ihre erste eigene Zigarre? Gefällt sie Ihnen immer noch?

Zigarre der Marke »Rocky Patel Royale«

Ich erinnere mich in der Tat noch: Mein erster Blend war die *Indian Tabac Classic* und ich mag und rauche sie immer noch. Als wir damals starteten, nannte ich meine Firma noch *Indian Tabac Cigar Company*. Wir hatten sogar die Rechte, das *Indian Motorcycle Logo* zu benutzen, was wir auch heute noch tun. Die *Indian Tabac*-Zigarren gibt es auch heute noch bei uns zu bestellen.

Was halten Sie denn von regionalen Editionen für ein spezifisches Land? Zum Beispiel eine Rocky Patel nur für Deutschland? Wie würde diese dann aussehen?

Wir spielen in der Tat mit dem Gedanken. Wir haben aber noch nicht den finalen Blend für so eine Aktion gefunden. Ich muss die Spannung also noch etwas hochhalten...

Haben wir noch etwas vergessen? Oder möchten Sie noch etwas hinzufügen?

Ich verspreche allen Lesern, dass niemand mehr und härter dafür arbeiten wird, Ihnen großartige Zigarren zu liefern. Ich verspreche, dass die perfekte *Rocky Patel* auf jeden Einzelnen von Euch da draußen, bei Eurem lokalen Tabakshop auf Euch warten wird. Probiert sie einfach aus, Ihr werdet sehen.

Vielen Dank für das tolle Interview!

Mexiko

Kaum jemand bringt Mexiko im ersten Moment mit Zigarren in Verbindung. Dabei hat Tabakanbau in Mexiko eine mehr als 2.000-jährige Tradition. Schon die Maya pflanzten das edle Gewächs und rauchten die getrockneten Blätter.

Das Tal von San Andrés wurde schon im 16. Jahrhundert als fruchtbares Tabakanbaugebiet entdeckt und ist bis heute das beste Anbaugebiet für den Tabak mexikanischer Zigarren. Gelegen in der ostmexikanischen Provinz Vera Cruz, direkt am Golf von Mexiko, zwischen den Berggipfeln von San Martin und Santa Marta, erstreckt sich das weite, fruchtbare Tal. Ein mildes Klima und die durch regelmäßige Regenfälle bedingte angenehme Feuchtigkeit sorgen für ideale Bodenverhältnisse und machen San Andrés zum Paradies des Tabakanbaus. Der nahezu ph-Wert-neutrale, pottaschereiche Boden sorgt für beste Qualität des Tabaks, der neben den mexikanischen Zigarren mittlerweile auch für die Zigarren anderer Länder verwendet wird.

Sumatra, Negro San Andrés, Connecticut Seed oder Habano Criollo San Andrés sind Tabake, die mit ihrer würzig-erdigen Note auch Zigarren, die außerhalb Mexikos hergestellt werden, ihren einzigartigen Charakter verleihen. Maduros werden oft mit den dunklen und süßen Deckblättern aus Mexiko gerollt, die mit zu den Besten der Welt gehören.

Mexikanische Zigarren sind über ihre gesamte Länge sehr angenehm aromatisch und entfalten eine Vielzahl unterschiedlicher Geschmäcker. Sie haben einen leichten Zug und einen gleichmäßigen Abbrand. Darüber hinaus zeichnen sie sich durch eine immer gleiche, hochqualitative Machart und einen sehr guten Preis aus. Charakteristisch für mexikanische Zigarren ist der große Anteil an Puros. Ein bis 1996 gültiges Gesetz gestattete lediglich die Fertigung von Zigarren, die ausschließlich aus mexikanischen Tabaken hergestellt wurden. Obwohl das Gesetz heutzutage außer Kraft gesetzt ist, wirkt es in der Produktion mexikanischer Zigarren nach.

Mexikanische Zigarren stehen den Zigarren ihrer Nachbarländer in nichts nach. In jahrhundertealter Tradition wurde das Zigarrenhandwerk perfektioniert. So bestechen mexikanische Zigarren durch ein aromatisches Geschmackserlebnis, das würzig-erdige Noten mit süßen Elementen verbindet. Ein einmaliges Raucherlebnis.

Costa Rica

Das kleine mittelamerikanische Land zwischen Pazifik und karibischem Meer entwickelt sich langsam, aber stetig zum Hersteller hochwertiger Zigarren. Das Angebot ist zwar bisher noch relativ klein, gewinnt aber bei Zigarrenkennern zunehmend an Beliebtheit. Vor allem Anhänger kubanischer Zigarren kommen bei den Zigarren aus Costa Rica voll auf ihre Kosten. Selbst große Zigarrennationen wie die Dominikanische Republik, Honduras oder Nicaragua importieren Tabak aus Costa Rica und verwenden ihn bei der Herstellung ihrer eigenen Zigarrenprodukte.

Klimatisch finden sich in Costa Rica ähnliche Bedingungen wie im Nachbarland Nicaragua oder der Karibik. Vom Wind abgeschirmte Täler halten die Temperatur bei konstanten 25 °C. Das einzigartige, von mineralstoffreicher Vulkanerde und Regenwald geprägte Ökosystem bietet die besten Voraussetzungen für den Tabakanbau. Optimale Verhältnisse also für Zigarren aus Costa Rica.

Innerhalb dieser unbändigen Natur befindet sich in der Provinz San José die Region Puriscal, eines der bekanntesten Tabakanbaugebiete Costa Ricas. In einer Höhe von ungefähr 1.100 Metern wird dort Tabak von Hand angebaut. Das ideale Klima und der nährreiche Vulkanboden sorgen für optimale äußere Bedingungen. Der Tabakanbau wird hauptsächlich von kleinen, lokalen Familienunternehmen betrieben, deren Anbauverfahren aus der Tradition der indianischen Ureinwohner stammt.

Obwohl mit der kontinuierlichen Produktion von Zigarren aus Costa Rica erst in den 1980er-Jahren begonnen wurde, haben sich bis heute schon einige Marken auf dem Weltmarkt etablieren können.

Panama

In Panama werden 8,8 Prozent des Landes landwirtschaftlich genutzt, wobei Produkte wie Bananen, Kaffee, Zuckerrohr, Mais und Ähnliches im Vordergrund stehen. Da Panama ein tropisches Klima hat, also eine von Januar bis April reichende Trockenzeit und eine von Mai bis Dezember reichende Regenzeit, verfügt das Land über für Zentralamerika typische Bedingungen. Mit durchschnittlichen

Temperaturen zwischen 25 °C und 36 °C bieten sich aber nur die höheren und etwas kühleren Bergregionen des Landes für Tabakanbau an, in denen auch eine ganzjährige Luftfeuchtigkeit von 79 Prozent herrscht.

Insgesamt verfügt Panama über ein außerordentlich interessantes Sortiment an vollmundigen Zigarren in handwerklich einwandfreier Fertigung, die sich zu Recht einen Liebhaberkreis aufgebaut haben.

Italien

Wer hätte gedacht, dass die Italiener auch auf dem Gebiet der Tabakkultur etwas ganz Besonderes zu bieten haben? Denn was wäre das Dolce Vita ohne eine gute italienische Zigarre? Schon seit 1818 werden in der Toskana geschmackvolle Zigarren hergestellt, die sogenannten *Toscani*.

Heute werden die *Toscani* aus reinem Kentucky-Tabak hergestellt, der entweder in Italien angebaut oder aus den USA importiert wird. Dieser wird zunächst befeuchtet und dann über Feuer getrocknet, wobei ein hoher Nikotingehalt entsteht. Die Tabakblätter werden dann einem natürlichen Fermentationsprozess unterzogen. Durch die monatelange Lagerung in dunklen, toskanischen Kellergewölben erhalten diese speziellen italienischen Zigarren ihren charakteristischen, stark würzigen Geschmack. Die geschmackliche Qualität variiert je nach Reifedauer.

Eine Besonderheit der *Toscani* ist das Fehlen eines Umblattes. Das verwendete Deckblatt wird mit einem geschmacksneutralen Leim aus Maisstärke fixiert und ist damit fest genug, um dem Einlagetabak Halt zu geben. Kennzeichnend ist auch ihre typisch elliptische Formgebung. Teilweise werden die *Toscani* mit Aromen von Grappa, Espresso oder Anis versetzt.

Neben den beliebten *Toscani* steht eine weitere Marke italienischer Zigarren für vollendeten Tabakgenuss. Der Samen der *CAO Italia* stammt aus einer kubanischen *Italian Habano*-Saat, die in der Provinz Benevento angepflanzt wird. Die Tabakblätter werden zwar nur zu einem kleinen Teil in den Longfillern verarbeitet, dennoch sind sie ausschlaggebend für den typischen Geschmack. Die Nuancen von Erde und leichter Süße erhalten sie durch die Mischung des italienischen Einlagetabaks mit denen aus Nicaragua und Peru.

Italienische Zigarren garantieren unbeschwerten, erschwinglichen und alltagstauglichen Rauchgenuss. Für alle, die das Besondere schätzen.

Brasilien

Schon im 17. Jahrhundert entwickelte sich in Brasilien durch europäische Einwanderer eine respektable Tabakkultur. Heutzutage macht sich das Land eher als Tabakexporteur für verschiedene, weltweit führende Zigarrenmarken einen Namen, denn als Zigarrenproduzent. Brasilianischer Zigarrentabak überzeugt durch seinen spezifischen Charakter und die guten Kombinationseigenschaften. Er wirkt im Zusammenspiel mit anderen Tabaken weder zu dominant noch geht er dabei geschmacklich unter, sodass sich eine hocharomatische Melange ergibt. Brasilianische Zigarren zeichnen sich besonders durch ihre milde bis mittlere Stärke aus. Weiche, vollmundige Aromen von Erde und Holz mit süßen Noten bestimmen das Aromaspektrum.

Brasilien bietet mit seinen vier Klimazonen beste und abwechslungsreiche Bedingungen für den Tabakanbau. Dennoch liegen die bekannten Anbaugebiete hauptsächlich an der Ostspitze des Landes in der *Regiao Nordeste*. An der Küste in der Provinz Alagoa liegt Arapiraca, wo die Tabakblätter in mühevoller Handarbeit einzeln gepflückt und getrocknet werden, was eine optimale Deckblatt-Produktion ermöglicht. Noch bekannter ist jedoch die Region Recôncavo in der Provinz Bahia. Hier werden in den Gebieten Mata Sul, Mata Norte und Mata Fina die besten Blätter für brasilianische Zigarren produziert. Sandige Böden, ergiebige Regengüsse und eine Durchschnittstemperatur von 25 °C bieten die besten Voraussetzungen für den Tabakanbau.

Beide Anbaugebiete stehen für unterschiedliche Qualitäten der Tabakblätter. In Arapiraca entstehen fein strukturierte Blätter mit leichter Würze; Bahia dagegen kultiviert erkennbar strukturierte Blätter mit einer intensiveren Würze. Besonders gefragt sind die dunklen Mata-Fina-Deckblätter, die zu den besten und teuersten der Welt zählen. Diese sind fast immer sonnengereift und verführen Zigarrenliebhaber auf der ganzen Welt mit ihrer ölig glänzenden, dunklen Optik und dem erdigen Aroma wie der natürlichen Süße. Ursprünglich wurden sie zunächst für die Umblätter verwendet, aber erst als Deckblatt begann der Siegeszug der Mata-Fina-Tabakblätter als Aushängeschild für die besten Premium-Zigarren der Welt. Ein ebenso edles wie rares Spitzenprodukt »Made in Brasil«.

Spanien & Kanarische Inseln

In Spanien werden heute die wahrscheinlich hochwertigsten europäischen Longfiller hergestellt.

Das Festland Spaniens hat einiges an Zigarrenkunst zu bieten und konnte sich zunehmend auf dem internationalen Markt etablieren. Im Gegensatz zu anderen zigarrenproduzierenden Ländern Europas, welche die verwendeten Tabake importieren müssen, finden sich in Spanien die idealen Klima- und Bodenverhältnisse, um die Tabakpflanzen vor Ort zu kultivieren. Hinzu kommt die liebevolle Handarbeit, die sie unter den hauptsächlich maschinell hergestellten Produkten der europäischen Konkurrenten hervorhebt. Zwar gibt es nicht viele Marken, doch sind diese äußerst bekömmlich und auf die Belange der Konsumenten ausgelegt.

Die klimatischen Bedingungen für den Anbau von kanarischen Zigarren sind auf den sogenannten »Inseln des ewigen Frühlings« ideal. Das mediterran-subtropische Klima und der kühle Kanaren-Strom sorgen das ganze Jahr über für angenehme Temperaturen. Passatwinde halten die heiße Luft der nahen Sahara fern. Der regenreiche Winter sorgt für die notwendige Feuchtigkeit. Speziell die Insel La Palma ist mit ihren Regionen La Breña und Caldera ein geeignetes Tabakanbaugebiet.

Obwohl das Klima und die Bodenverhältnisse für den Tabakanbau optimal sind, wird gegenwärtig nicht mehr so viel Tabak in La Palma angebaut. Bedingt durch die Zollfreiheit der Kanaren verlegten die Hersteller kanarischer Zigarren ihre Aktivitäten zunehmend auf den Import hochwertiger Tabake aus Südamerika, der Karibik, Indonesien und Afrika, die auf den Kanaren weiterverarbeitet werden.

Bisher gibt es nur wenige Marken kanarischer Zigarren in Deutschland zu kaufen. Manche Sorten der kleineren Unternehmen werden nur für den einheimischen Markt produziert. Doch die größeren, für den internationalen Markt produzierenden Unternehmen können durchaus mit ihren südamerikanischen Konkurrenten mithalten.

Deutschland

Auch in Deutschland wurde und wird Tabak angebaut. Zum ersten Mal wurde der Anbau im Jahre 1573 urkundlich erwähnt: Im Pfarrgarten von Hatzenbühl (Bistum Speyer). Vor allem im 19. Jahrhundert kam es zu einer größeren Ausbreitung, bei der 200.000 Landwirtschaftsbetriebe auf über 30.000 Hektar Tabak angebaut haben sollen. Davon ist heute allerdings nicht mehr viel übrig. Wenn heutzutage von deutschen Zigarren die Rede ist, handelt es sich wahrscheinlich um ein Produkt aus Bünde/Westfalen oder Waldshut-Tiengen: Die »Cigarrenfabrik August Schuster« bietet in Bünde die bekanntesten Marken überhaupt: *Altes Handwerk, Bremer Senatoren, Partageno y Cia* und *Brasil Trüllerie* im Shortfiller-Bereich; oder *Rodrigo de Jerez, Casa de Torres* und *Maria Mancini* im Longfiller-Bereich.

»Arnold André« heißt die andere Firma, deren Produktion riesige Bekanntheit für Deutschland hat. Dort wird seit langem die *Handelsgold* hergestellt, die wahrscheinlich wertvollste deutsche Marke. Zudem kommen auch die Zigarillos der Marke *Clubmaster* von Arnold André. Noch heute gehören die kleinen Blechdosen zu den bestverkauften Zigarillos in Deutschland. Auch die mittlerweile weitverbreitete *Independence* im Alu-Tubo ist sicherlich geläufig.

Eine dritte Firma, die dringend Erwähnung finden muss, ist »Villiger und Söhne«. Eigentlich ein Schweizer Unternehmen, dass seit 1910 aber auch eine Produktion in Waldshut-Tiengen besitzt. Die Produktion reicht von Shortfillern bis zu Longfillern und umfasst so bekannte Marken und Produkte wie *Villiger 1888* oder *Villiger Original Krumme Junior*. Halten Sie die Augen offen, dann sehen Sie die entsprechenden Produkte, die vielleicht schon etwas Patina angesetzt haben, aber bei Qualität und Preis konkurrenzfähig sind.

An dieser Stelle darf auch »Don Stefano« aus Wettenberg, bei Gießen nicht fehlen. Sie produzieren mit der *Don Stefano Geudertheimer* sogar noch eine Zigarre aus 100 Prozent deutschem Tabak. Und zu guter Letzt darf natürlich auch die Firma »Dannemann« nicht unerwähnt bleiben, die vor allem mit ihren *Moods Cigarillos* in aller Munde ist.

Des Weiteren werden Tabake für Premium-Zigarren weltweit in folgenden Gebieten angebaut: Ecuador, Kolumbien, Indonesien (Sumatra/Java), Kamerun und auf den Philippinen.

Interview mit Axel-Georg André (Arnold André)

Willkommen Herr André, wir sind sehr froh, dass Sie unserer Experte für das Kapitel »Deutschland« sind. Bitte stellen Sie sich unseren Lesern kurz vor.

Mein Name ist Axel-Georg André, Inhaber und Vorsitzender des Aufsichtsrates der Arnold André GmbH & Co.KG

Welches Bild kommt Ihnen als Erstes in den Sinn, wenn Sie an Zigarren denken?

Ein kleiner Junge, der sich zusammen mit seinem Freund im Garten versteckt hat und sich an seiner ersten Zigarre versucht.

Können Sie sich noch an Ihre erste Zigarre erinnern? Wann war das? Und welche Zigarre?

Richtig erinnern kann ich mich heute nicht mehr, aber ich vermute, dass es sich um eine *Handelsgold* handelte. Woran ich mich jedoch erinnere ist, dass ich dieses Abenteuer nicht mit großem Vergnügen verbinde. Der richtige Genuss kam erst einige Jahre später.

Wie wurden Sie zu einem Teil der Zigarrenindustrie?

Das war ja nicht schwierig. Meine Familie war ein bekannter Teil dieser Zigarrenindustrie und als Kind habe ich es geliebt, jede freie Minute in der Fabrik zu verbringen und dabei den ganz besonderen Duft des Tabaks zu erleben, aber auch spielerisch mit den verschiedensten Bereichen des Unternehmens sehr vertraut zu werden.

Wie muss man sich einen typischen Arbeitstag bei Ihnen vorstellen?

Nach einem wirklich kleinen Frühstück, aber mit reichlich Kaffee, verbringe ich viel Zeit damit, engen Kontakt zu meinen Mitarbeitern zu pflegen. Ganz besonders wichtig sind für mich dabei der Meinungsaustausch und die damit verbundenen Diskussionen mit der Geschäftsführung. Unternehmerische Entwicklungen sind mir dadurch bekannt und wichtige Entscheidungen können so getroffen werden.

Was macht Ihnen an Ihrem Job am meisten Spaß?
Und was am wenigsten?

Die Aufgabe als Ganzes, mit all ihren unterschiedlichen Facetten, ist eine stetige Herausforderung und macht mir riesig Spaß. Es erfüllt mich mit Stolz, zusammen mit sehr motivierten Mitarbeitern, diesem Unternehmen in der siebten Generation vorzustehen und es gibt auch keinen Unternehmensbereich, der sich in meiner Wahrnehmung zu einem »ungeliebten Kind« entwickelt hätte.

Was war Ihr bislang größter Erfolg? Was der größte Misserfolg?
Und was haben Sie daraus gelernt?

Zurückblickend waren die Gründung und der Aufbau einer eigenen Vertriebsorganisation in Frankreich richtige und von großem Erfolg getragene Entscheidungen. Auch die Entscheidung, einen Produktionsstandort in der Dominikanischen Republik zu errichten, gehört zu den positiven Dingen. Misserfolge gab und gibt es natürlich auch. Aus ihnen zu lernen ist richtig und wichtig. Über konkrete Fälle berichte ich an dieser Stelle aber nicht. Sicher ist, dass ich aus ihnen gelernt habe.

*Sie sind international aktiv. Wie unterscheiden sich die
deutschen Zigarrenraucher vom Rest der Welt?*

Wir sind weit davon entfernt, die Raucher vom Rest der Welt in
einen Topf zu werfen. Damit würden wir ihnen nicht gerecht. Es
gibt so viele unterschiedliche Vorlieben, wie es Raucher gibt. Und
das weltweite Angebot an Zigarren regt zum Experimentieren an.

Die oft zitierte Vorliebe des überwiegenden Teils der deutschen
Raucher für helle, milde und zugängliche Zigarren beschreibt auch
nur einen Teil der Wahrheit.

Was ist Ihrer Meinung nach das Geheimnis einer exzellenten Zigarre?

Es gibt nicht den Königsweg, so wie es nicht *die* exzellente Zigarre
gibt. Jede Zigarre, die es schafft, nuancierte und raffinierte Aromen
mit Zugänglichkeit, Leichtigkeit und einem ganz besonderen Geschmackserlebnis zu verbinden und in eine perfekte Balance für auf-
regenden Rauchgenuss zu bringen, ist prädestiniert für die Bestnote.

Was ist die beste Zigarre, die Sie je geraucht haben und warum?

Was soll ich dazu sagen? Für mich gibt es diese »beste« Zigarre nicht.
Welche Zigarre mir gerade am besten schmeckt, hängt auch immer
von der Umgebung und den Umständen ab. Was ich hier und jetzt
für das Beste halte, muss es morgen schon nicht mehr sein.

Was ist zurzeit Ihre Lieblingszigarre? Und warum?

Ich bin ein Freund naturreiner Zigarren. Aromatisierte Produkte
sind nicht so meine Sache. Aber über Geschmack lässt sich bekannt-
lich nicht streiten. Meine Favoriten sind die Zigarren der Marke
Carlos André, aber auch *Vasco da Gama* im Robusto-Format.

*Schnelle Fragen, schnelle Antworten. Welche Zigarre bevorzugen Sie…
…morgens?*
Nach dem Frühstück rauche ich nicht.
…nach dem Mittagessen?
Manchmal ein leichtes, kleinformatiges Zigarillo.

... zum Kaffee?

Zum Espresso gerne eine *Clubmaster Mini Blue*

... zum Entspannen?

In dieser Situation nehme ich mir bewusst die Zeit, mich ganz dem Genuss einer großformatigen Zigarre zu widmen.

... nach dem Abendessen?

Wenn es die Zeit erlaubt, siehe oben ...

... in einer Bar mit Freunden?

Da ich immer eine kleine Auswahl meiner Lieblingszigarren mitführe, finde ich immer den passenden Zigarrenpartner zum gewählten Getränk. Hier ein bisschen zu experimentieren, macht riesig Spaß.

... zum Beeindrucken?

Warum und wen? Das ist nicht meins.

... wenn es etwas ganz Besonderes sein soll?

Kann ich a priori nicht beantworten. Wenn die Situation da ist, findet sich auch die richtige Zigarre.

Was ist Ihre momentane Lieblingszigarre von der »Konkurrenz«?

Die Konkurrenz hat viele leckere Zigarren. Geht es nicht zu weit, wenn ich hier jetzt deren Namen nennen würde?

Was ist Ihrer Meinung nach die perfekte Drink-Zigarren-Kombination?

Habe ich nicht. Dafür macht mir das Experimentieren und Kombinieren von Zigarren und »Genusspartnern« viel zu viel Spaß.

Arnold André ist einer der größten deutschen Zigarrenproduzenten. Was macht Zigarren »Made in Germany« aus?

In Deutschland hergestellte Zigarren sind zum ganz überwiegenden Teil maschinell hergestellte Shortfiller-Zigarren. Sie bedienen die deutsche Vorliebe für helle Zigarren, mild und ausgewogen im Geschmack. Durch die Herstellmethode ist garantiert, dass die Qualitäts- und Geschmackseigenschaften der Zigarren mit jeder Produktionscharge stets konstant reproduziert werden können. Das erwartet der Kunde und es baut ein hohes Markenvertrauen auf.

Es gibt in Deutschland nur noch wenig Tabakanbau,
und noch weniger für die Zigarrenproduktion.
Wie lässt sich deutscher Tabak charakterisieren?

Deutscher Tabak findet vorwiegend als Einlage-Tabak Verwendung. Sein Vorteil ist der recht neutrale Geschmack, mit dem man Geschmacks-Peaks anderer Provenienzen gut aussteuern kann.

Verarbeiten Sie auch deutschen Tabak?
Wenn ja, in welchen Linien?

Ja! Deutscher Tabak findet sich in vielen unserer Produkte.

Woran sollten Einsteiger achten, die sich an deutsche Zigarren
»heranrauchen« möchten?

Rauchen und einfach nur genießen.

Welche deutschen Zigarren sollte jeder einmal probiert haben?

Handelsgold, Vasco da Gama, Clubmaster und *Independence.*

Kann man die deutsche Produktion von Ihnen auch besichtigen?
Das klingt ja doch sehr spannend.

Ja! Unsere Produktionsstätte liegt in Königslutter. Bei frühzeitiger Terminabsprache und passender Gruppengröße ist eine Besichtigung möglich.

Die deutsche Zigarrenindustrie ist über den Bundesverband der
Zigarrenindustrie organisiert, in dem Arnold André auch sehr
aktiv ist. Was ist das Ziel dieses Verbandes?

Ich zitiere: »Im Bundesverband der Zigarrenindustrie e. V. (BdZ) sind Unternehmen zusammengeschlossen, die Zigarren herstellen, importieren und vertreiben. Seit mehr als 60 Jahren repräsentiert der BdZ die Ziele der deutschen Zigarrenindustrie und tritt ein für den Erhalt dieses traditionsreichen Handwerks. Der Verband setzt sich für die Belange der Mitgliedsunternehmen ein und fungiert als Schnittstelle zwischen Politik, Wirtschaft und Öffentlichkeit.«

Wenn Sie mehr wissen wollen: Auf der Website des BDZ kann man im »Grundsatzpapier« umfangreiche Informationen nachlesen.

In Deutschland ist der Zigarrenkonsum eher rückläufig.
Frankreich und Spanien haben uns in den letzten 20 Jahren überholt.
Woran liegt das Ihrer Meinung nach?

Andere Rauchermentalitäten, andere Historie und Traditionen, andere politische und gesellschaftliche Entwicklungen und Umfelder.

Auch die in Deutschland produzierten Stückzahlen sind rückläufig.
Woran liegt das Ihrer Meinung nach? Ist die deutsche Zigarre im
eigenen Land weniger wert als im Ausland? Die Exportumsätze
scheinen ja gut zu sein.

Wir produzieren für die ganze Welt, unsere Produktionszahlen sind nicht rückläufig. Unser Export entwickelt sich positiv und unsere Zigarren sind in Deutschland nicht weniger wert als im Ausland.

Bei uns ist der Markt der Premium-Zigarren (gefühlt) fest
in kubanischer Hand. Gibt es einheimische Bestrebungen in diese
Richtung? Eine deutsche Cohiba wäre doch zu schön, oder?

Nach der mir vorliegenden Einschätzung ist der deutsche Premium-Zigarren-Markt nicht fest in kubanischer Hand. Der Anteil kubanischer Zigarren liegt sehr deutlich unter 50 Prozent.

Ich persönlich halte eine deutsche *Cohiba* für nicht erstrebenswert.

In Deutschland scheinen traditionell vor allem Brasil- und Sumatra-
Tabake zu Zigarren verarbeitet zu werden. Wie kommt das?

Es werden viele unterschiedliche Tabakprovenienzen in Deutschland verarbeitet. Eine Reduzierung auf Sumatra oder Brasil wird der Sache heutzutage nicht mehr gerecht.

Speziell in den 1950er- und 1960er-Jahren war das Zigarren-angebot in der Tat von der einfachen Differenzierung in Brasil und Sumatra geprägt. Beide Worte haben sich als Synonym für dunkle bzw. helle Zigarren im Sprachgebrauch verankert. Das mag heute noch die Wahrnehmung prägen.

Arnold André produziert Zigarren für die ganze Welt.
Gibt es so etwas wie ein Erfolgsgeheimnis?

Mitarbeiter, denen es Spaß macht, bei Arnold André zu arbeiten und dieses Unternehmen weiter voranzubringen. Top-Qualität unserer Produkte. Dabei sind wir kompromisslos. Verlässlichkeit für unsere Partner und möglicherweise auch eine gewisse ostwestfälische Beharrlichkeit.

Daran anknüpfend: Produzieren Sie eigentlich auch Zigarren,
die speziell auf einen bestimmten Markt zugeschnitten sind?
Oder ist es eher so, dass ein hervorragendes Produkt kreiert wird
und dieses dann überall gut ankommt?

Der erste Fall ist sehr häufig. Wir können da mittlerweile mit höchster Flexibilität agieren. Der zweite Fall ist eher seltener.

Zum Abschluss: Was können wir von Arnold André
in den kommenden Jahren Genussvolles erwarten?

Das Haus André versteht sich ausschließlich als ein Genuss-Unternehmen. Der Genießer steht im Mittelpunkt. Von daher darf er in der Tat noch einiges von uns erwarten. Solange Tabak auf dieser Welt angebaut wird und die Zigarre weltweit ihre Freunde findet, sind wir dabei.

Wir bedanken uns vielmals für das Gespräch!

Rauchen – aber richtig!

Nachdem Sie nun einiges über die Welt der Zigarren gelernt haben, wollen wir Ihnen noch ein paar Dinge rund um das richtige Rauchen mit auf den Weg geben, damit sie Ihre nächste Zigarren auch in vollen Zügen genießen können.

Die richtige Gelegenheit

Zunächst einmal sollte eine Zigarre weder irgendwie noch irgendwann geraucht werden. Anders als eine Zigarette ist sie nicht dazu geeignet, an einer Bushaltestelle oder beim Hetzen durch die Fußgängerzone angesteckt zu werden. Dafür ist erstens das Rauchen zu zeitaufwändig und zweitens das Produkt normalerweise zu teuer – und das ist nicht einmal monetär gemeint. Zigarren wie auch Pfeifentabak zählen zu den Genussmitteln und sollten auch als solches behandelt werden. Wir unterscheiden an dieser Stelle gerne *Genussraucher* von *Suchtrauchern*.

Natürlich existieren immer gegenteilige Beispiele und selbstverständlich ist die richtige Gelegenheit dann, wenn Sie es für richtig erachten. Wenn man sich aber bewusst macht, dass jede einzelne Zigarre oft durch bis zu 40 Hände gegangen ist – vom Saatgutsetzer über Erntehelfer und Roller bis hin zum Kistenpacker –, darf jede Zigarre auch wirklich genossen werden. Gerade bei hochwertigen Zigarren ist es ratsam, sich wirklich Zeit zu nehmen und genau dann zur Zigarre zu greifen, wenn das Ambiente und die persönliche Gemütslage stimmen. Dann kann jede Zigarre zu etwas Einzigartigem und Besonderem werden.

Der richtige Anschnitt

Bei den meisten Zigarren ist es nötig, den Kopf – also das geschlossene Ende – vor dem Rauchen zu entfernen. Hier hilft der bereits angesprochene *Anschneider*, der unbedingt scharf genug sein sollte. Mit einem kurzen, gezielten Schnitt lässt sich der geschlossene Zigarrenkopf so elegant einschneiden. Sofern Sie eine Guillotine, eine Zigarrenschere oder einen Doppelklingen-Cutter verwenden, sollten Sie sich zunächst an der Kappe orientieren. Diese wird immer am Schluss angebracht und soll das feine Deckblatt zusammenhalten. Man schneidet daher immer oberhalb der Grenze – also in Richtung Kopfende – der Kappe an, sodass von der Kappe noch ein kleiner Ring stehen bleibt. Schneidet man zu viel ab, könnte sich das Deckblatt im Rauchverlauf ablösen. Das sieht an der ausgefransten Zigarre nicht nur unschön aus, sondern kann auch zu ungewollten Tabakresten im Mund und zwischen den Zähnen führen.

Bei Benutzung eines Zigarrenbohrers wird hingegen von oben unter leichtem Druck ein schmales Loch in den Deckel gestanzt. Geschmacklich können beim Anbohren Unterschiede gegenüber dem Anschneiden entstehen, da der Rauch auf andere Weise kanalisiert wird. Gleiches gilt für einen V-Cutter.

Tipp: Viele unerfahrene Raucher schneiden zu viel von einer Zigarre ab. Betrachten Sie einmal einen Zigarrenbohrer: Diese kleine Öffnung kann schon ausreichen, um einen perfekten Rauchverlauf zu erhalten. Daher sollten Sie lieber zurückhaltend schneiden, um das Zugverhalten zu testen. Ist die Zigarre zu schwergängig – müssen Sie also sehr stark daran ziehen –, dürfen Sie natürlich immer nachschneiden. Gerade für Anschnitt-Einsteiger sind daher Figurado-Formate zu empfehlen, da sie Fehler eher verzeihen. Ansonsten sind Punch oder V-Cutter für Einsteiger sehr zu empfehlen, da man hier schon technisch nicht zu viel abschneiden kann.

Grundsätzlich gilt: Je größer die Schnittöffnung, desto weniger muss man an der Zigarre ziehen, desto weniger heiß ist die Glut und desto weniger »scharf« wird der Rauch. Erfahrene Raucher nutzen den Anschnitt, um eine Zigarre etwas auszusteuern.

Ob der *Zigarrenring* ebenfalls entfernt werden sollte, ist ein häufiges Streitthema unter Zigarrenliebhabern. Früher galt es als ausgesprochen unhöflich, die Banderole direkt abzureißen, vor allem wenn man die Zigarre geschenkt bekommen hatte. Andere Stimmen sind vehement für ein Entfernen des Zigarrenrings: Man rauche ja schließlich für sich und nicht für die anderen, sodass man sich so von den »Statusrauchern« abheben möchte, die gerne sehr teure Zigarren rauchen und das auch entsprechend kommunizieren.

Die Mehrheit scheint den Ring jedenfalls daran zu lassen, und das ist auch vollkommen in Ordnung.

Den Zigarrenherstellern ist es übrigens sehr recht, wenn der Zigarrenring an der Zigarre verbleibt. Schließlich investieren sie viel Schweiß und Geld in ein starkes Produkt und eine starke Marke. Zudem bietet er sich wunderbar als Gesprächseinstieg mit dem Gegenüber an. Sollte man sich dennoch entscheiden, die Banderole zu entfernen, sollte man dies mit größter Vorsicht tun: Es wäre schade, wenn das feine Deckblatt unter dem Eingriff leiden würde. Dieses Risiko ist es oft nicht wert – zumal sich der Ring im Rauchverlauf, wenn die Zigarre zum Ende hin wärmer und weicher wird, viel leichter entfernen lässt.

Tipp: Oft wird über das sogenannte *Dippen* einer Zigarre in Whisky berichtet, dass dies besonders förderlich für den Geschmack sei. Dies ist sicherlich richtig, wenn Sie den Eigengeschmack der Zigarren mit dem Getränk übertünchen möchten. Ansonsten ist es eher empfehlenswert, die Zigarre unabhängig zu rauchen und den Whisky als passenden Begleiter zu genießen. Aber wie immer: Erlaubt ist, was schmeckt. Wer partout nicht aufs Dippen verzichten möchte, der sollte sich den Spaß daran nicht verderben lassen.

Das richtige Anzünden

Ist die Zigarre präpariert, kommen wir zum eigentlichen Anzünden des Stückes. Empfohlen wird, hierzu ein spezielles *Zigarren-Streichholz* oder einen Span Zedernholz zu verwenden. Beide brennen im Normalfall lange genug, um auch die dickste Zigarre zum Glühen zu bringen und beeinflussen zusätzlich das Aroma positiv. Zur Not können Sie auch gerne mehrere Hölzer verwenden. In der Praxis haben sich für eiligere Gemüter die Zigarren-Feuerzeuge mit *Jetflamme* bewährt. Jedes andere handelsübliche Feuerzeug tut es aber auch – solange es mit Gas betrieben wird.

Ein paar Zentimeter über der Flamme anrösten

Ganz besonders Eilige sollten darauf achten, dass die Zigarre fest zwischen den Lippen klemmt, damit sie präzise angezündet werden kann – ein Hin-und-her-Rutschen von Mundwinkel zu Mundwinkel ist hier alles andere als förderlich. Die verwendete Flamme sollte groß genug, aber nie so dicht am Zigarrenende sein, dass dieses angeschwärzt werden könnte. Ideal ist ein Abstand von ungefähr einem Zentimeter. Dabei wird die Zigarre langsam und regelmäßig um die eigene Achse gedreht, gleichzeitig werden zwei tiefe Züge genommen, um das Ende ohne Schwärzung zum Glühen zu bringen. Man kann das gleichmäßige Glimmen des Brandendes ganz einfach überprüfen, indem man leicht draufpustet: Glüht das Ende gleichmäßig auf, ist die Zigarre rauchbereit. Ansonsten sollte nachgefeuert werden. Übrigens: Das Streichholz sollte anschließend dem Aschenbecher übergeben werden, auf keinen Fall wird es in die Zigarre hineingesteckt.

Tipp: Die bessere und für die Geschmacksentwicklung besonders förderliche Methode ist das sogenannte *Rösten* bzw. *Toasting*. Dabei wird die Zigarre vorerst in der Hand gehalten und solange im schrägen Winkel ein paar Zentimeter über der Flamme gedreht – nicht in der Flamme verbrannt –, bis sich beim seichten Anpusten des Glutendes eine erkennbar flächendeckend gleichmäßige rote Glut entwickelt hat – und das *ohne* an ihr zu ziehen. Erst wenn die Glut gleichmäßig verteilt ist, wird die Zigarre in den Mund gesteckt und geraucht. Sie verhindern so, dass die heiße Flamme in die Zigarre gezogen wird und sich damit auf das Aroma auswirkt – eine wirklich stilvolle und lohnenswerte Methode, die sich auch mit einem Feuerzeug durchführen lässt. Oft wird die Zigarre hierbei auch erst angeröstet und zum Glimmen gebracht und *erst dann* angeschnitten – so vermeiden Sie, dass die entstehenden Gase des anglimmenden Tabaks in die Zigarre gelangen. Einfach mal ausprobieren!

Wie auch immer Sie das Thema angehen: Das Ziel ist immer, wirklich nur das Fußende zum Glühen zu bringen. Dazu benutzt man die Hitze, die *über* der Flamme entsteht – idealerweise zwei bis drei Zentimeter. Halten Sie die Flamme zu nah an die Zigarre, laufen Sie Gefahr, das wertvolle Deckblatt zu verkohlen. Das sieht nicht nur unschön aus, sondern schadet auch dem Geschmack.

Wer eine Zigarre für jemand anderen anzündet – das gilt besonders in der Gastronomie –, sollte beim *Toasten* aus Hygienegründen darauf verzichten, auf das Glutende zu pusten. Hier bietet es sich an,

Ziga

Das (ganz)

Kappe

Zigarre

(im Volksmund

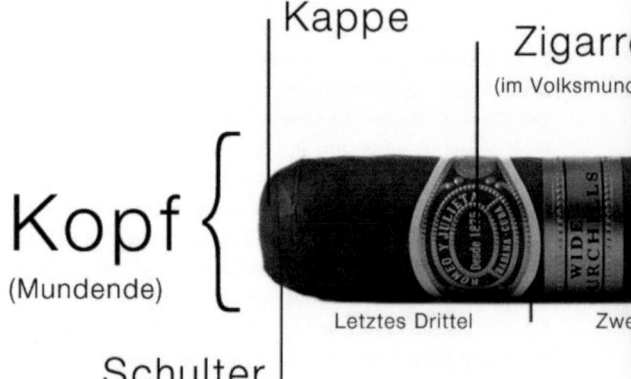

Kopf {
(Mundende)

Letztes Drittel | Zwe

Schulter

Hier oder oberhalb
anschneiden, so dass
ein "Ring" der Kappe
erhalten bleibt. Deck-
blatt könnte sich im
Rauchverlauf sonst
im Mund ablösen

N O B

kleine 1x1 der

rren

Deckblatt beim
Anrösten wenn
möglich nicht
verkohlen

ing
3anderole" oder "Bauchbinde")

} Fuß

Zum Anzünden,
sanft über der
Flamme rösten
("toasten")

Drittel | Erstes Drittel

Kerzenwachs,
Benzin oder
Schwefel ver-
fälschen den
Geschmack

die Zigarre selbst zu bewegen – zum Beispiel in Form einer »8« –
und so einen Luftzug zu erzeugen.

Die richtige Umgebung

Jetzt haben Sie eine tolle Zigarre, wissen, wie man sie anzündet,
doch wo soll man sie nun rauchen? In Zeiten von Rauchverboten
ist das mit Sicherheit nicht mehr ganz so einfach. Über Sinn und
Unsinn so mancher Regelung ließe sich mit Sicherheit trefflich
streiten, man sollte sich davon den Spaß an der Zigarre aber nicht
kaputtmachen lassen. Rücksicht auf Andere ist nichtsdestotrotz ein
unverändert wichtiges Gebot. Gerade als Genussmensch sollte man
am allerbesten verstehen, dass das ungestörte Genießen ein sehr hohes Gut ist; und dass es immer andere Menschen geben wird, die
sich vom Rauch einer Zigarre gestört fühlen. Denn eine Sache ist
sicher: Eine Zigarre ist keine Zigarette. Insofern sollte der Höflichkeit halber auch im Raucherumfeld gefragt werden, bevor man sich
genüsslich eine Zigarre ansteckt. Und im Nichtraucherumfeld sollte
man erst gar nicht auf die Idee kommen. Gerade als Genussraucher
darf man immer mit gutem Beispiel vorangehen.

Allerdings gibt es in so ziemlich jeder größeren Stadt Orte, an denen
man explizit Zigarre rauchen darf: Zigarrenlounges, private (Zigar-
ren-)Clubs, Raucherbars – überall kann man sich genüsslich zurück-
lehnen und auf ein paar Gleichgesinnte treffen. Oft lässt sich vor Ort
auch Rauchbares kaufen. Sollte man eigene Zigarren mitbringen, ge-
bührt der Respekt, dass man vor Ort zumindest Getränke konsumiert.
Im Internet lassen sich geeignete Locations gut recherchieren: So gibt
es auf dem Portal *zigarren.org* einen Locations-Test, und *cigarcities.org*
wartet mit einer guten Kartenfunktion auf, in der Zigarrenfreunde ihre
beliebtesten Locations einstellen – eine schöne Sache!

Das richtige Rauchen

Um einem Mysterium direkt den Wind aus den Segeln zu nehmen:
Nein, man bekommt nicht sofort Verdauungsprobleme oder Brech-
reiz, wenn man eine Zigarre *auf Lunge* raucht. Dies wird oft von we-

nig geübten Rauchern oder gar Nichtrauchern berichtet, die auf einer Party eher zufällig zum Rauchen gekommen sind. In einer Zigarre ist auch »nur« Tabak, davon allerdings eine Menge. Wer eine Schachtel Zigaretten ohne abzusetzen wegraucht und das nicht gewohnt ist, wird ähnliche Effekte erzielen können. Richtig ist aber, dass Zigarren ein Genussmittel sind, die in erster Linie wegen ihres Geschmacks geraucht werden. Und zum Schmecken muss der Rauch nicht in die Lunge. Somit ist das *Paffen* einer Zigarre absolut ausreichend.

Wer Zigarren genießen möchte, sollte sich daher Zeit nehmen. Rauchdauern von ein bis zwei Stunden pro Zigarre sind keine Seltenheit. Gerade wenn man dabei in ein gutes Buch oder in wunderbare Gespräche mit Mitrauchern vertieft ist, kann es vorkommen, dass eine Zigarre auch mal erlischt. Das ist überhaupt kein Problem, im Gegenteil: Man muss Zigarren in keinster Weise an einem Stück, unerlässlich und um jeden Preis »durchrauchen«. Pausen sind absolut legitim, solange es dem Genuss nicht abträglich ist. Auch ein wiederholtes Anzünden ist erlaubt, ja sogar erwünscht: Wer legt schon gerne eine gute Zigarre aus der Hand? Hierzu sollte die Asche allerdings vorher abgestreift werden, um das Glutende besser erreichen zu können. Wie lange man eine Zigarre pausieren kann, ist vom eigenen Geschmacksempfinden abhängig. Wer eine Zigarre jedoch komplett erkalten lässt – zum Beispiel über Nacht –, wird eine deutliche Veränderung des Aromas feststellen, die von vielen Rauchern als unangenehm beschrieben wird. Doch auch hier gilt: alles Geschmackssache.

Das Rauchtempo bestimmt allein der Raucher. Es gibt viele Leute, die sehr oft und schnell ziehen. Andere hingegen sind eher gemütlich unterwegs. Beides ist richtig, solange es einem schmeckt. Wer sehr häufig an einer Zigarre zieht, raucht diese zum Teil sehr heiß. Die Aromen treten stärker hervor, eine gewisse Schärfe und Pfeffrigkeit stellt sich ein, die auch andere, feinere Aromen überlagern kann. Gerade bei teuren Zigarren mit lange gereiften Tabaken muss das nicht immer vorteilhaft sein.

Tipp: Als Faustregel können Sie sich merken: Mit einem Mal ziehen pro Minute kommen Sie gut um die Runden. Wer das ausprobiert, wird merken, dass es wahrlich langsam erscheint, aber so kann sich der Rauch im Mundraum entfalten und Sie können das volle Aroma auch im Nachhall genießen.

Viele Raucher berichten auch darüber, dass eine Zigarre hin und wieder schief abbrennt. Grundsätzlich ist es so, dass ein gerader *Abbrand* – also 90° zur Längsseite der Zigarre – und eine dünne *Carbonisationsnaht* – der schwarze »Übergang« von der Glut zum unverbrannten Tabak – für einen hohen Verarbeitungsstandard stehen. Trotzdem gibt es eine Reihe von Gründen, die zu einem *Schiefbrand* führen können: unsachgemäße Lagerung, schiefer Anschnitt des Mundendes, schlechte Verteilung der Tabakblätter im Inneren, Seitenwind etc. Wichtiger ist, wie man damit umgeht. In der Regel hilft es, wenn man die langsamer brennende Seite der Zigarre ganz vorsichtig und sanft nachfeuert, um die Glut zu unterstützen. Sie sollten im Hinblick auf die handwerkliche Charakteristik der Zigarren allerdings nicht überkritisch sein: Es bleibt ein handgerolltes Naturprodukt. Wer zudem in windigen Umgebungen raucht, sollte die Zigarre hin und wieder etwas drehen, um alle Seiten gleichmäßig dem Luftzug auszusetzen.

Über die während des Rauchens entstehende *Tabakasche* scheiden sich die Geister. In einigen (älteren) Ratgebern wird es als wenig stilvoll abgetan, sie am Zigarrenende zu belassen. Sie sei für die Geschmacksbildung überflüssig und sollte daher in regelmäßigen Abständen in den Aschenbecher abgeklopft werden. Mittlerweile geht der Trend mit den teilweise sehr beliebten »*long ash contests*« jedoch in die entgegengesetzte Richtung – man macht einen regelrechten Wettbewerb daraus, ein möglichst langes Stück Asche am Zigarrenende anzusammeln. Für die einen mag das proletenhaft erscheinen, für die anderen ist es jedoch ein großer Spaß.

Grundsätzlich gilt: Je länger die Asche, desto besser die Verarbeitung – es ist ein Zeichen für eine sehr sauber und gleichmäßig gefaltete Einlage, lange Einlage-Blätter und damit für ein gut verarbeitetes Produkt. Zusätzlich hilft sie bei der Kühlung der Luft innerhalb der Zigarre.

Auch die Beschaffenheit der Asche ist häufig Gegenstand von Fachsimpelei. Gemeinhin gilt dabei eine sehr helle, feine, gleichmäßige und feste Asche als Qualitätsprädikat für den Tabak und die Mineralisierung des Bodens. In jedem Fall sollte man auf die Gepflogenheiten des Umfelds bzw. Rauchetablissements achten. Sehr lange Asche fällt nach Murphys Gesetz immer dann, wenn man es am wenigsten erwartet, und kann so Spuren auf Kleidung, Tisch und Fußboden hinterlassen – was in einer weltoffenen Zigarrenlounge jedoch kein Problem darstellen sollte. Bei der Entspannungszigarre vor dem ersten Treffen mit den Schwiegereltern in spe sollte man allerdings lieber einmal zu oft abaschen.

Wann ist es nun Zeit, eine Zigarre wieder aus der Hand zu legen? In verschiedenen Medien gibt es pauschale Aussagen, dass man im Grunde immer nur bis zum Zigarrenring, also bis ca. 2/3 der Gesamtlänge, rauchen sollte. Diese Ansicht ist jedoch etwas veraltet. Heutzutage ist es kein Problem mehr, die Banderole zu lösen und weiterzurauchen.

Grundsätzlich gilt: Eine Zigarre raucht man, solange sie schmeckt! Nicht länger und nicht kürzer. Teilweise kann das auch schon weit vor dem Erreichen des Zigarrenrings der Fall sein. Es ist aber auch kein Fauxpas, sich wortwörtlich »die Finger schwarz zu rauchen«, wenn es gerade so gut mundet. Einige Hartgesottene spießen den Rest eines Stumpens sogar mit einem Streichholz auf, um so auch den kleinsten Rest rauchen zu können und dem letzten Schnipsel noch in einer Pfeife den Garaus zu machen. Solange das aus Gründen des guten Genusses geschieht und nicht aus purem Geiz, ist dagegen – mit einem Augenzwinkern – nichts einzuwenden.

Ist eine Zigarre »zu Ende geraucht«, übergibt man ihre Reste einfach einem Aschenbecher. Man sollte es sich jedoch verkneifen, eine Zigarre auszudrücken oder gar auf den Boden zu werfen und auszutreten. Man zerschlägt ja auch keine leere Flasche Champagner nach Gebrauch auf dem Boden. Einfach ablegen und die Glut erlischt von ganz allein.

Das richtige Schmecken

Die Worte *richtig* und *schmecken* gemeinsam in einer Überschrift zu nutzen, grenzt im Grunde an Größenwahn: Denn nichts ist so subjektiv wie Geschmack. Nicht umsonst gibt es das geflügelte Wort »über Geschmack lässt sich nicht streiten«. In der Theorie mag das stimmen, in der Praxis ist das jedoch nicht immer der Fall. Oft genug maßen sich große Experten an, einem vorzuleben, was zu schmecken hat. Das ist bei Wein so, das ist bei Champagner so und das ist auch bei Zigarren so. Scheinbar objektive Punktesysteme lassen sich zwar gut kommunizieren, aber wer schon einmal versucht hat,

Verkostung der neuen »Carlos André«-Zigarren in Berlin

einen gewissen Geschmack zu beschreiben, der weiß wie schwierig das sein kann. Insofern sollte man sich zunächst auf das eigene Empfinden verlassen.

Wichtig: Zunächst sollte man einmal zwischen Stärke und Würze einer Zigarre unterscheiden. Ersteres bezeichnet nämlich gemeinhin den Nikotingehalt der Tabakblätter. Erst die Würze beschreibt die ausgeprägten Aromen eines Blends. Richtig ist jedoch, dass ein feines Aromen-Spiel von einer sehr präsenten Stärke beeinflusst werden kann, solange man es nicht gewohnt ist. Einsteiger sollten beim »Heranschmecken« daher nicht gleich ganz oben anfangen.

Unsere Zunge ist mit vielen Geschmacksknospen versehen und dabei in fünf verschiedene Areale aufgeteilt, mit denen man verschiedene Geschmackseindrücke unterscheidet: süß, salzig, sauer, bitter und umami (Letzteres für fleischige und würzige Aromen sowie Eiweißverbindungen). Die Verteilung und Dichte dieser Zonen und damit die Fähigkeit, bestimmte Dinge zu schmecken, ist genetisch bedingt und somit angeboren. Wie sehr man etwas jedoch »mag«, ist erlernt, hängt also vom Kulturkreis ab und verändert sich zudem im Verlauf eines Lebens. Man verbindet mit verschiedenen Geschmäckern eben verschiedene Sachen. Daher ist es gut möglich, dass zwei Menschen den gleichen Geschmack vollkommen unterschiedlich wahrnehmen. Einer mag Äpfel und der andere nicht. Alle sind sich jedoch einig, dass Äpfel je nach Herkunft komplett unterschiedlich schmecken können. Dennoch wird dieser Geschmack unter »Apfel« in unserem Gehirn abgelegt und bei Bedarf – also Geruchs- oder Geschmackseindruck – abgerufen.

Es ist also sehr schwierig, ein Genussmittel objektiv zu bewerten, geschweige denn es mit Aromen- oder Teilaromen à la »Zartbitterschokolade« oder »Streuobstwiese im Wildwuchs an der Hessischen Bergstaße, Südhang, um 10 Uhr morgens mit leichtem Tau an einem Sommermorgen bei sanftem Westwind« zu bezeichnen.

Nichtsdestotrotz ist es auch bei Zigarren sehr verbreitet und beliebt, eben diese Aromen aufzuzeigen und zu vergleichen. Wie bei anderen Genussmitteln – z. B. Wein oder Whisky – wird auch hier eher mit Assoziationen als mit »echten« Geschmäckern gearbeitet, denn die wenigsten Leute haben beispielsweise weder genügend »Leder« gegessen noch geraucht, um es umfassend beschreiben zu können. Es geht also um einen Gesamteindruck, der sich aus allen Sinneseindrücken zusammensetzt. Bei Tabakaromen dominieren in den meisten Tasting-Berichten zum Beispiel vor allem dunklere Eindrücke, die an Holz, Erde, Nuss, Schokolade, Kaffee oder Gewürze erinnern.

Ob hierbei auch der optische Eindruck des Tabaks eine Rolle spielt, sei dahingestellt. Tendenziell werden sehr dunkle Maduro-Tabake aber mit Schokolade und Kaffee verbunden. Dagegen ist auch nichts einzuwenden, sofern es hilft, den komplexen Geschmack des Tabaks unter Einsatz von bekannten Schubladen zu vereinfachen und kommunizierbar zu machen. Da man sich zumeist in ähnlichen Kulturkreisen bewegt, ist bei Gattungsbegriffen wie Schokolade oder Kaffee zumindest oft ein Konsens zu erzielen. Zudem macht es einfach Spaß, den verschiedenen Aromen-Strukturen auf den Grund zu gehen und entsprechend zu fachsimpeln – auch wenn die Bandbreite der Ausführungen teils sehr weit auseinanderklafft und teils groteske Züge annimmt – wie in unserem obigen Beispiel. Interessanterweise werden Zigarren zwar aus Tabak gemacht, das Aroma »Tabak« kommt aber in den meisten Verkostungsnotizen nicht vor. Ein Schelm wer Böses dabei denkt.

Dementsprechend sollte man nicht enttäuscht oder gar beleidigt sein, wenn sich fremde Eindrücke nicht mit den eigenen decken. Und man sollte sich auch nicht unter Druck setzen lassen, bestimmte Aromen im Tabakrauch unbedingt herausschmecken zu müssen. In der folgenden Abbildung sind die gängigsten Zigarrenaromen beispielhaft aufgelistet. Viel Spaß beim Erkunden!

Tipp: Der spontane Eindruck entscheidet! Idealerweise stellen Sie zunächst sicher, dass Sie einen neutralen Geschmack im Mund haben. Ein Glas stilles Wasser oder besser noch Milch hilft eventuell beim Neutralisieren. Nach dem Anzünden der Zigarre – idealerweise durch Anrösten, ohne daran zu ziehen – nehmen Sie die ersten paar Züge, lassen den Rauch den Mundraum ausfüllen und sammeln die ersten spontanen Eindrücke, wonach das Erlebte schmecken könnte. Wichtig ist, nicht zu bewerten: Wenn der erste Eindruck Erdbeerkuchen ist, dann ist es eben Erdbeerkuchen – egal wie unsinnig es im ersten Moment erscheinen mag. Die Sinneseindrücke lassen sich übrigens verstärken, indem man den Rauch durch die Nase entweichen lässt, da auch hier Rezeptoren sitzen.

Wer mit mehreren Leuten verkosten möchte, dem sei geraten, die Eindrücke zunächst unkommentiert zu lassen und eventuell sogar still aufzuschreiben. Sie werden überrascht sein, wie schnell ein begeistertes »Stimmt, das schmecke ich jetzt auch« ertönt, sobald einem eine Idee in den Kopf gesetzt wurde. Ungeachtet dessen, macht ein solches Tasting wirklich ungemein Spaß. Vor allem wenn man in der nächsten Runde auch noch passende Begleiter, wie Getränke oder Schokolade dazu nimmt.

Grundsätzlich gilt: Eine Zigarre verändert ihren Geschmack im Rauchverlauf, sodass die Aromen stets in Dritteln verglichen werden. Das erste Drittel beschreibt den Beginn des Rauchverlaufs, das zweite Drittel ist bei circa der Hälfte der Zigarre erreicht, und das dritte entsprechend kurz vor Erreichen des Zigarrenrings. Je länger eine Zigarre ist, desto mehr »Filter« ist vorhanden und desto kühler ist der Rauch im Mund. Das Verhalten ändert sich dann zum Teil merklich. Gegen Ende legen die meisten Zigarren an empfundener Schärfe deutlich zu, sodass vielerorts auch von *Aromaverläufen* zu lesen ist. Regeln bestehen hierzu allerdings keine: Die einen bevorzugen Aroma-Veränderungen, die anderen bleiben lieber bei ihren »Leisten«.

Lassen sich »gute Zigarren« erschmecken? Die meisten Einsteiger gehen an dieser Stelle richtigerweise sehr subjektiv vor: Schmeckt mir oder schmeckt mir eben nicht. Dennoch gibt es Aromen, die auf eine schlechte Verarbeitung oder Lagerung hinweisen können. So ist ein sehr starkes Ammoniak-Aroma ein Zeichen dafür, dass der Tabak nicht lange genug fermentieren konnte. Ein Eindruck von »muffig« oder »Aschenbecher« kann entstehen, wenn Zigarren nicht ordentlich gelagert wurden. Das hilft beim Erkennen einer guten Zigarre natürlich weniger, hilft aber bei der Entscheidung, einem Stumpen unter Umständen eine zweite Chance zu geben. Am Ende ist es immer subjektiv, auch wenn es sich natürlich lohnen kann, den Geschmack möglichst objektiv zu beschreiben – spätestens dann, wenn man eine Zigarrenempfehlung im Fachgeschäft haben möchte.

Tipp: Wenn die Aromen einer Zigarre zu würzig und etwas unangenehm werden, hilft eventuell das sogenannte *Degasieren*. Dabei wird kurzerhand in die angezündete Zigarre gepustet, anstatt daran gezogen. Im Rauchverlauf – insbesondere wenn man sehr heiß raucht – sammeln sich die Verbrennungsgase des Tabaks im Zigarrenkörper. Durch das Durchblasen drückt man diese Gase aus der Zigarre heraus und der Geschmack kann insgesamt etwas milder

Röst-
aromen

Würzig

Nussig

Pflanzlich

Anis
Gewürze
Lakritz
Vanille
Zimt
Muskat
Walnuss
Mandel
Haselnuss
Kastanie
Gras
Heu
Frisches Gras
Blumig
Wildblumen
Minze
Ingwer

Geräuchert
Kaffee

nob

Fruchtig

Kirsche
Zitrusfrüchte
Zitrone
Apfel
Orange
Pfirsich

Organisch

Erdig
Mineralisch
Leder
Cremig

Holzig

Trockenes Holz
Zedernholz
Eichenholz

Karamell
Honig
Lebkuchen

Süß

Zartbitter
Kakao

Schoko-
lade

Pfeffer
Grüner Pfeffer
Schwarzer Pfeffer
Scharfe

Scharf

ego.de

werden. Die austretenden Gase lassen sich übrigens mit einem Feuerzeug auch anzünden, sodass man deren Ausstoß beobachten kann: Einfach so lange pusten, bis die Flamme erloschen ist. Gegen einen hohen Nikotingehalt hilft diese Technik allerdings nicht.

Die richtigen Getränke

Die Möglichkeiten, eine Zigarre mit einem passenden Getränk zu genießen, sind schier unerschöpflich: Whisky wird in der Regel an erster Stelle genannt. Er gilt als das Sinnbild des klassischen Zigarrengetränks. Dabei sei die leicht ketzerische Frage erlaubt, wie viele zigarrenproduzierende Länder denn auch Whisky produzieren? Und wie sieht es im Gegensatz dazu mit Rum aus? Wer schon einmal auf Kuba oder in der Dominikanischen Republik war, kennt die Antwort. Und was ist mit dem deutschen Lieblingsgetränk Bier? Oder Wein? Nun, die Antwort ist wieder einmal sehr einfach: *Das passende Getränk ist das, was einem schmeckt!* Und wenn es Grapefruitsaft ist, ist es eben Grapefruitsaft; oder Cherry Coke. Aber es gibt in der Tat einige Kombinationen für ein *Pairing* (engl. Paaren), die sich eher anbieten als andere. Viel hängt mit der Physiognomie unserer Zunge und den Geschmackszonen zusammen, und natürlich mit den verschiedenen Ausprägungen der Aromen des Tabaks und des Getränks.

Tipp: Sehr ähnliche oder komplementäre Geschmacksrichtungen passen in der Regel sehr gut. Oft ist vor allem auch die Stärke der Aromen entscheidend. So scheint der torfige Whisky die kräftig-erdigen Töne einer starken Havanna gut zu unterstützen, während die Restsüße einer Riesling Spätlese eine mildere Dominikanerin umschmeichelt. Tendenziell sind Getränke, die eine gewisse Süße mitbringen, keine schlechte Wahl. So schmeckt man »süß« eher mit der Zungenspitze, den Rauch einer Zigarre hingegen mit dem hinteren Teil der Zunge. Die süße Empfindung bleibt damit länger präsent. Deshalb passt Rum in der Regel gut, ebenso wie ein »süßes« Bier – etwa ein Porter. Auch ein »süßer« Wein, wie ein *Tawny Port,* schmiegt sich gut an. Wichtig ist vor allem, dass sich weder Getränk noch Zigarre in wichtigen Aromen überlagern und so den Geschmack verfremden. Stark ausgeprägte Aromen können weniger starke sonst einfach wegdrücken. Im Folgenden sind beispielhaft einige Tasting-Kombinationen für die gängigsten Anbaugebiete und Getränkeempfehlungen aufgearbeitet.

Nonplusultra-Tipp: Wer das volle Tabakaroma einer Zigarre genießen möchte, sollte beherzt zu einem Glas leicht gekühltem Wasser ohne Kohlensäure greifen. Damit kann man auf keinen Fall etwas falsch machen. Wenn man allerdings ein Pairing, also eine Verkostung von Zigarren und begleitenden Getränken – es können aber auch Speisen sein – ansetzt, lohnt es sich auf jeden Fall zunächst die zu verkostenden Spirituosen zu probieren und die entsprechenden Sinneseindrücke zu notieren und dann erst die Zigarre anzuzünden. Der Vorher-Nachher-Effekt ist nicht zu unterschätzen und bietet ein tolles Spielfeld für viele gelungene Stunden. Im Anhang dieses Buches finden sich entsprechende Tasting-Bögen für Zigarren mit und ohne begleitende Getränke.

Fazit

Zigarren sind und bleiben das ultimative Genussmittel: Nur wenige Produkte bieten so viel Mythos und tragen in den heutigen modernen Zeiten noch ihre Geschichten weiter – gestützt vom alten Handwerk wie eh und je. Natürlich entwickelt sich auch die Zigarrenkultur weiter. Wer vor allem in die Vereinigten Staaten schaut, sieht neue Trends und Technologien, die das Leben des Genussrauchers leichter machen können, aber auch nicht müssen. Gerade für Einsteiger ist diese Welt nicht immer leicht zu durchblicken. Abschrecken lassen sollte man sich allerdings nicht, weder von übertriebener Etikette noch von kleinen Problemen.

Dieses Buch sollte daher helfen, ein paar Fragezeichen in den Köpfen verschwinden zu lassen, und Ihnen letztlich zu ermöglichen, die kleinen Herausforderungen wertzuschätzen, die so ein komplexes Produkt mitbringen kann. Ziel ist dabei stets, sich eine fundierte eigene Meinung zu bilden und diese gerne auch selbstbewusst zu vertreten. Selbstbewusstsein ist schließlich das, was alle Zigarrenraucher eint, denn sie haben nach wie vor eine Ausnahmestellung in unserer Gesellschaft. Sie ziehen Blicke auf sich. Sie polarisieren. Und sie sind sich dieser Wirkung bewusst. Ganz im Sinne des Genusses eben.

Weißwein

süß   trocken

Rotwein

süß   trocken

Cognac

Leicht

Mitt

pur   mit Schuss

Süße Cocktails

Herbe Cocktails

Kaffee / Kakac

KUBA

Rum Whisky Obstbrand

elegant kräftig

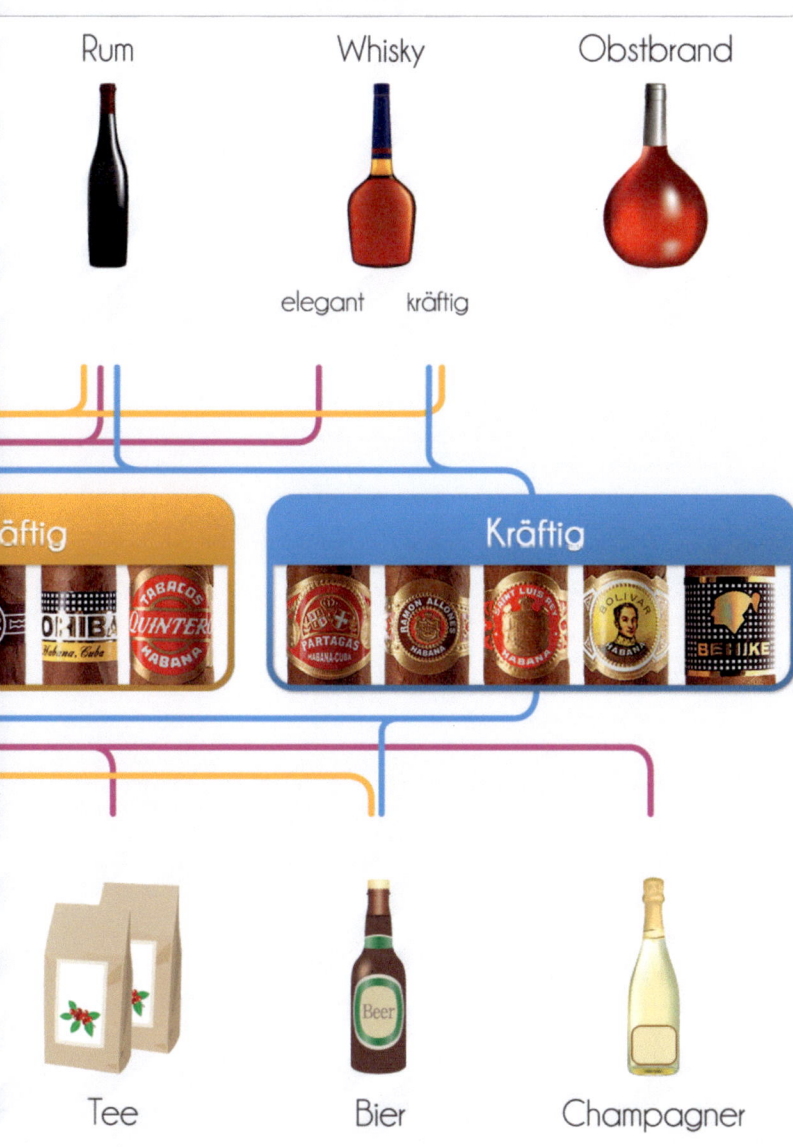

äftig Kräftig

Tee Bier Champagner

Weißwein

süß   trocken

Rotwein

süß   trocken

Cognac

Leicht

Mitt

pur   mit Schuss

Süße Cocktails   Herbe Cocktails   Kaffee / Kakao

DOMINIKANISCHE REPUBLIK

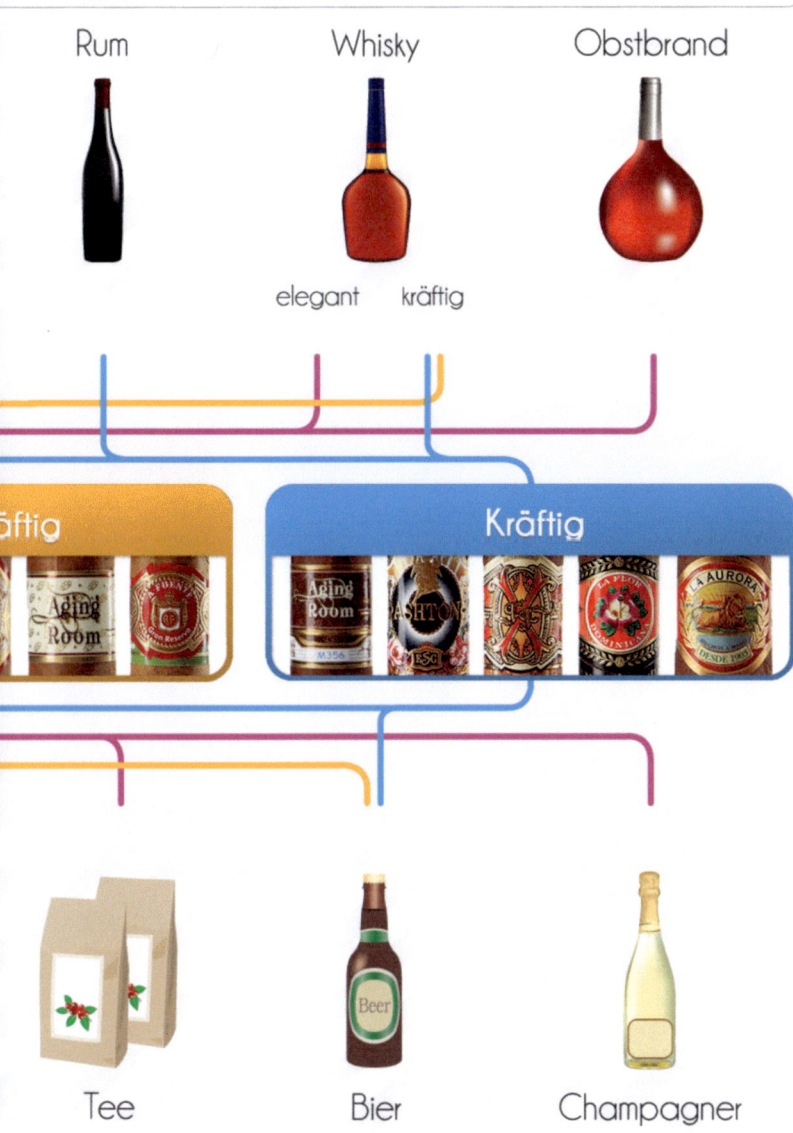

Rum

Whisky

Obstbrand

elegant   kräftig

...äftig

Kräftig

Tee

Bier

Champagner

NOBLEGO TASTING GUIDE #3:

Weißwein Rotwein Cognac

süß trocken süß trocken

Leicht

Mitt

pur mit Schuss

Süße Cocktails Herbe Cocktails Kaffee / Kakac

NICARAGUA

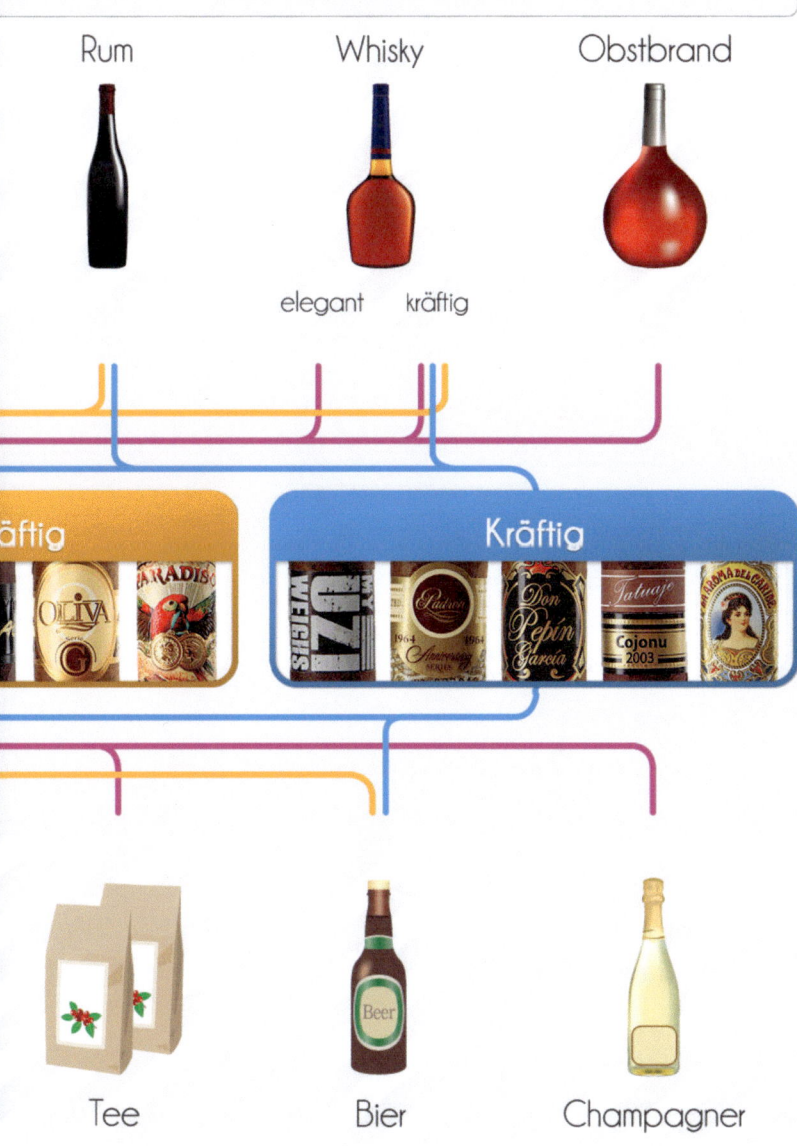

Rum

Whisky

Obstbrand

elegant   kräftig

...äftig

Kräftig

Tee

Bier

Champagner

NOBLEGO TASTING GUIDE #4:

Weißwein   Rotwein   Cognac

süß   trocken   süß   trocken

Leicht   Mitte

pur   mit Schuss

Süße Cocktails   Herbe Cocktails   Kaffee / Kakao

HONDURAS

Rum

Whisky

Obstbrand

elegant   kräftig

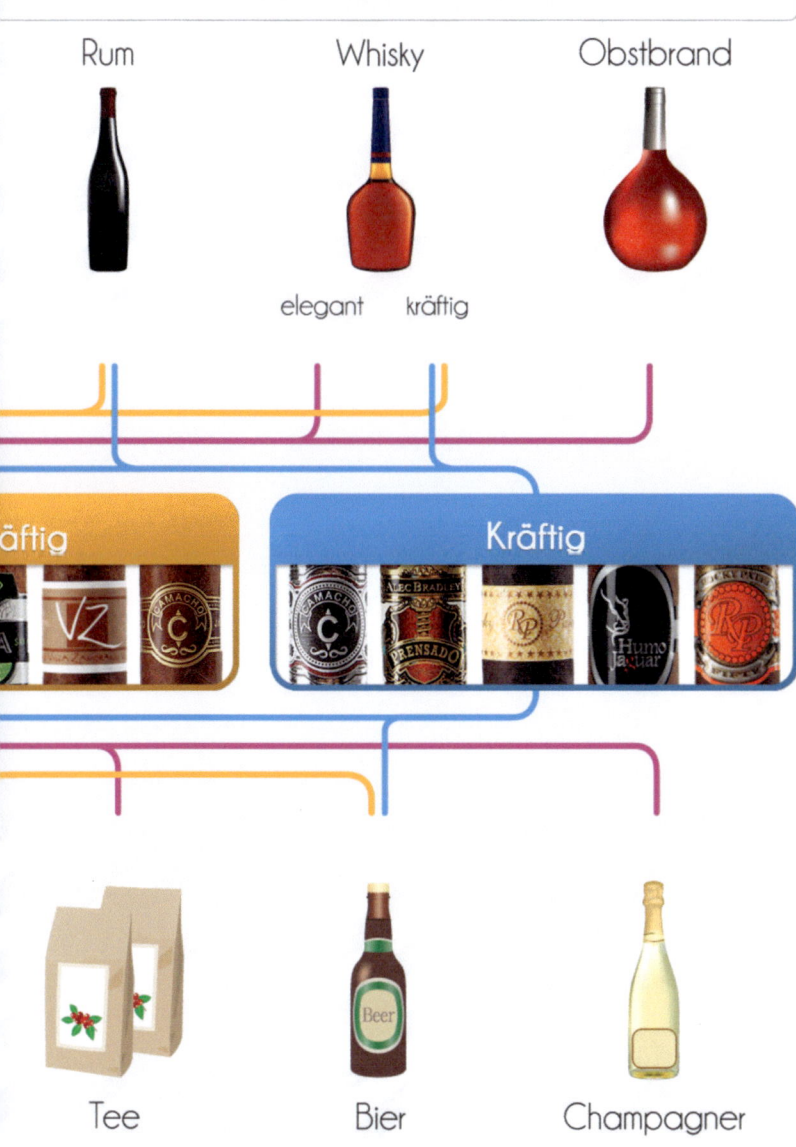

äftig

Kräftig

Tee

Bier

Champagner

Tasting-Bögen

Im Folgenden finden Sie einige Tasting-Bögen, die das Herantasten an das »richtige« Schmecken einer Zigarre vereinfachen und gleichzeitig als Gedankenstütze dienen soll:

Bevor man zum Geschmack kommt, wird die Zigarre genau unter die Lupe genommen:

Erscheinungsbild: Wie eben bzw. gleichmäßig ist das Deckblatt? In der Struktur? In der Farbe? Gibt es große Blattadern, Verfärbungen, Sonnenflecken oder sogar Beschädigungen? Wie ist der generelle optische Eindruck? Gestaltung des Zigarrenrings?

Verarbeitung: Ist ist die Zigarre gerade gerollt? Sind Kleberänder zu sehen? Sind Reste des Zigarrenklebers zu sehen?

Drucktest: Ist die Zigarre fest oder weich gerollt? Gibt es weiche Stellen oder ist sie gleichmäßig fest gerollt?

Kaltduft: Wie ist der Duft der unangezündeten Zigarre? Am Deckblatt? Am Fußende?

Kaltzug: Wie schmeckt die unangezündete Zigarre (einfach an der angeschnittenen Zigarre ziehen)?

Zugwiderstand: Wie leichtgängig ist der Luftzug? Muss man stark ziehen oder ist es zu leichtgängig?

Abbrand: Wie gerade brennt die Zigarre ab? Muss zum Ausgleichen nachgefeuert werden? Wie lange hält die Asche? Wie ist die Farbe / Konsistenz der Asche? Wie breit ist die Carbonisationsnaht?

Punkte pro Kategorie: Die Punkteverteilung liegt zwischen 10 Punkten (sehr schlecht) und 100 Punkten (non plus ultra). Mehr als 95 werden nur ganz, ganz selten vergeben.

Für die Gesamtbewertung einer Zigarre spielen alle oben genannten Faktoren sowie als Hauptmerkmale die Aromenvielfalt und Aromenentwicklung eine Rolle. Bei der Vergabe der Gesamtpunkte kann man sich an folgendem Raster orientieren:

95+ = überragend
90+ = sehr gut
80+ = gut
70+ = befriedigend
60+ = ausreichend
weniger als 60 Punkte: mangelhaft

Für fleißige Probierer und Kombinierer gibt es weitere kostenlose Tasting-Bögen zum Selbstausdrucken und Abheften unter:
www.noblego.de/tastingbogen/

| **Marke / Name:** | *Rocky Patel Vintage 1999* | **Herkunft:** | *Honduras* |

Marke / Name: *Rocky Patel Vintage 1999*   **Herkunft:** *Honduras*

Vitola / Format: *Toro*   **Preis:** *9,20 €*

Erhalten am: *16. Feb 2013*   **von / bei** *Benny*

Lagerung seitdem: ☒ einzeln   ☐ in der Kiste   ☐ zellophaniert
in: *Tischhumidor (Tubo)*

Erscheinungsbild / Optik: *Helles Deckblatt, feine aber sichtbare Adern, deutliche Verfärbungen, & Kanten*
Punkte: 83

Verarbeitung / Drucktest: *Fest & gleichmäßig gerollt, keine weichen Stellen, Fuß etwas uneben*
Punkte: 89

Aromen kalt: *Holzig, Heu, Karamell(?)*

Kaltzug: ☐ leicht   ☒ perfekt   ☐ schwer

Aromen (erstes Drittel): *Zeder, leichte Süße, erdig*

Aromen (zweites Drittel): *Mehr Holz, mehr Erde, Fruchtig (Trockenobst???)*

Aromen (drittes Drittel): *Zedernholz, Leder, Pfeffer*
Punkte: 89

Zugwiderstand: ☐ leicht   ☒ perfekt   ☐ schwer

Abbrand & Asche: *Gerader Abbrand, 5 mm Carbonisation Asche fest, fein & mit Zebramuster (Hielt etwa 6 cm)*
Punkte: 90

ROCKY PATEL
Vintage 1999
CONNECTICUT

Bemerkungen: *Eher mild, aber schön cremiger Rauch. Gut um in den Abend zu starten*

Datum / Ort: *23. März 2014   Cigarrenmagazin*   **Punkte (gesamt):** 87

Beispiel eines ausgefüllten Tasting-Bogens

Marke / Name:	Herkunft:
Vitola / Format:	Preis:
Erhalten am:	von / bei:
Lagerung seitdem:	□ einzeln □ in der Kiste □ zellophaniert
in:	

Erscheinungsbild / Optik:

Punkte:

Verarbeitung / Drucktest:

Punkte:

Aromen (kalt):

Kaltzug: □ leicht   □ perfekt   □ schwer

Aromen (erstes Drittel):

Aromen (zweites Drittel):

Aromen (drittes Drittel):

Punkte:

Zugwiderstand: □ leicht   □ perfekt   □ schwer

Abbrand & Asche:

Punkte:

– Zigarrenring einkleben –

Bemerkungen:

Datum / Ort: **Punkte (gesamt):**

Tasting-Bögen

Marke / Name:	**Herkunft:**
Vitola / Format:	**Preis:**
Erhalten am:	**von / bei:**
Lagerung seitdem:	☐ einzeln ☐ in der Kiste ☐ zellophaniert
in:	

Erscheinungsbild / Optik:

Punkte: ◯

Verarbeitung / Drucktest:

Punkte: ◯

Aromen (kalt):

Kaltzug: ☐ leicht   ☐ perfekt   ☐ schwer

Aromen (erstes Drittel):

Aromen (zweites Drittel):

Aromen (drittes Drittel):

Punkte: ◯

Zugwiderstand: ☐ leicht   ☐ perfekt   ☐ schwer

Abbrand & Asche:

Punkte: ◯

– Zigarrenring einkleben –

Bemerkungen:

Datum / Ort: **Punkte (gesamt):** ◯

223

Marke / Name:	Herkunft:
Vitola / Format:	Preis:
Erhalten am:	von / bei:
Lagerung seitdem:	☐ einzeln ☐ in der Kiste ☐ zellophaniert
in:	

Erscheinungsbild / Optik:

Punkte: ◯

Verarbeitung / Drucktest:

Punkte: ◯

Aromen (kalt):

Kaltzug: ☐ leicht   ☐ perfekt   ☐ schwer

Aromen (erstes Drittel):

Aromen (zweites Drittel):

Aromen (drittes Drittel):

Punkte: ◯

Zugwiderstand: ☐ leicht   ☐ perfekt   ☐ schwer

Abbrand & Asche:

Punkte: ◯

– Zigarrenring einkleben –

Bemerkungen:

Datum / Ort: **Punkte (gesamt):** ◯

Tasting-Bögen

Marke / Name: **Herkunft:**

Vitola / Format: **Preis:**

Erhalten am: **von / bei:**

Lagerung seitdem: ☐ einzeln   ☐ in der Kiste   ☐ zellophaniert
in:

Erscheinungsbild / Optik:

                                       Punkte: ⬤

Verarbeitung / Drucktest:

                                       Punkte: ⬤

Aromen (kalt):

Kaltzug: ☐ leicht   ☐ perfekt   ☐ schwer

Aromen (erstes Drittel):

Aromen (zweites Drittel):

Aromen (drittes Drittel):

                                       Punkte: ⬤

Zugwiderstand: ☐ leicht   ☐ perfekt   ☐ schwer

Abbrand & Asche:

                                       Punkte: ⬤

– Zigarrenring einkleben –

Bemerkungen:

Datum / Ort: **Punkte (gesamt):** ⬤

Marke / Name: Herkunft:

Vitola / Format: Preis:

Erhalten am: von / bei:

Lagerung seitdem: ☐ einzeln ☐ in der Kiste ☐ zellophaniert

in:

Erscheinungsbild / Optik:

Punkte:

Verarbeitung / Drucktest:

Punkte:

Aromen (kalt):

Kaltzug: ☐ leicht ☐ perfekt ☐ schwer

Aromen (erstes Drittel):

Aromen (zweites Drittel):

Aromen (drittes Drittel):

Punkte:

Zugwiderstand: ☐ leicht ☐ perfekt ☐ schwer

Abbrand & Asche:

Punkte:

– Zigarrenring einkleben –

Bemerkungen:

Datum / Ort: Punkte (gesamt):

226

Tasting-Bögen

Marke / Name:	**Herkunft:**
Vitola / Format:	**Preis:**
Erhalten am:	**von / bei:**
Lagerung seitdem:	□ einzeln □ in der Kiste □ zellophaniert
in:	

Erscheinungsbild / Optik:

Punkte:

Verarbeitung / Drucktest:

Punkte:

Aromen (kalt):

Kaltzug: □ leicht □ perfekt □ schwer

Aromen (erstes Drittel):

Aromen (zweites Drittel):

Aromen (drittes Drittel):

Punkte:

Zugwiderstand: □ leicht □ perfekt □ schwer

Abbrand & Asche:

Punkte:

– Zigarrenring einkleben –

Bemerkungen:

Datum / Ort: **Punkte (gesamt):**

Marke / Name:	Herkunft:
Vitola / Format:	Preis:
Erhalten am:	von / bei:
Lagerung seitdem: in:	☐ einzeln ☐ in der Kiste ☐ zellophaniert

Erscheinungsbild / Optik:

Punkte:

Verarbeitung / Drucktest:

Punkte:

Aromen (kalt):

Kaltzug: ☐ leicht ☐ perfekt ☐ schwer

Aromen (erstes Drittel):

Aromen (zweites Drittel):

Aromen (drittes Drittel):

Punkte:

Zugwiderstand: ☐ leicht ☐ perfekt ☐ schwer

Abbrand & Asche:

Punkte:

– Zigarrenring einkleben –

Bemerkungen:

Datum / Ort: **Punkte (gesamt):**

Tasting-Bögen

Marke / Name: Herkunft:

Vitola / Format: Preis:

Erhalten am: von / bei:

Lagerung seitdem: □ einzeln   □ in der Kiste   □ zellophaniert

in:

Erscheinungsbild / Optik:

                                              Punkte:

Verarbeitung / Drucktest:

                                              Punkte:

Aromen (kalt):

Kaltzug: □ leicht   □ perfekt   □ schwer

Aromen (erstes Drittel):

Aromen (zweites Drittel):

Aromen (drittes Drittel):

                                              Punkte:

Zugwiderstand: □ leicht   □ perfekt   □ schwer

Abbrand & Asche:

                                              Punkte:

– Zigarrenring einkleben –

Bemerkungen:

Datum / Ort: Punkte (gesamt):

Marke / Name:	Herkunft:
Vitola / Format:	Preis:
Erhalten am:	von / bei:
Lagerung seitdem:	☐ einzeln ☐ in der Kiste ☐ zellophaniert

in:

Erscheinungsbild / Optik:

Punkte:

Verarbeitung / Drucktest:

Punkte:

Aromen (kalt):

Kaltzug: ☐ leicht   ☐ perfekt   ☐ schwer

Aromen (erstes Drittel):

Aromen (zweites Drittel):

Aromen (drittes Drittel):

Punkte:

Zugwiderstand: ☐ leicht   ☐ perfekt   ☐ schwer

Abbrand & Asche:

Punkte:

– Zigarrenring einkleben –

Bemerkungen:

Datum / Ort: **Punkte (gesamt):**

CIGARMAXX

Genußtradition seit 1997

Über den Autor

Benjamin Patock ist Gründer und geschäftsführender Gesellschafter der Solid Taste GmbH, die unter den Marken *Noblego* (www.noblego.de) und *Cigarmaxx* (www.cigarmaxx.de) sehr erfolgreiche Shops für volljährige Genussraucher betreibt. Darüber hinaus verlegt er das Online-Magazin *Die Zigarren Organisation* (www.zigarren.org), über deren Facebook-Seite er unter anderem Einblicke in seinen Verkostungsalltag gibt. Benjamin ist Mitglied des Vorstands des *Berliner Cigarren Clubs unter den Linden e. V.*, nimmt dort mittwochs regelmäßig an den offenen Stammtischen teil und freut sich immer über interessierte Besucher. Seine erste Zigarre rauchte er übrigens im Jahr 2000 im Urlaub auf Kuba. Es war eine *Romeo y Julieta Churchill*.